说出来你别不信

汪诘·著

北京联合出版公司
Beijing United Publishing Co.,Ltd.

图书在版编目（CIP）数据

说出来你别不信 / 汪诘著. — 北京：北京联合出版公司，2022.1

ISBN 978-7-5596-4166-3

Ⅰ. ①说… Ⅱ. ①汪… Ⅲ. ①科学知识—普及读物 Ⅳ. ① Z228

中国版本图书馆CIP数据核字（2021）第242093号

说出来你别不信

作　　者：汪　诘
出 品 人：赵红仕
责任编辑：牛炜征
封面设计：陈旭麟 @ AllenChan_cxl

北京联合出版公司出版
（北京市西城区德外大街 83 号楼 9 层　 100088）
三河市中晟雅豪印务有限公司印刷　新华书店经销
字数：186 千字　　 700 毫米 ×980 毫米　1/16　　印张：12.5
2022 年 1 月第 1 版　　2022 年 1 月第 1 次印刷
ISBN 978-7-5596-4166-3
定价：49.80 元

目录

第一章

懂点科学，吃得不纠结

轻断食：吃不饱饭还能长寿，还真有这事

最近"断食"这个词比较流行。

"怎么吃"是一个伪科学泛滥的领域，因为这些话题特别容易胡编乱造一些听上去好像很有道理的理由，对于一些尚不具备信源、逻辑、证据概念的人特别具有迷惑性。今天我刚好借这个话题，跟你聊聊什么样的健康科普文章才是值得我们重视的文章。

谈医疗健康类的话题，首先要对概念进行一个明确的定义。现在经常听到有人说"断食"的好处，但到底怎样才算是断食呢？一个人彻底不吃饭肯定会饿死，因为人只要活着就需要能量来维持心跳和全身的新陈代谢。

我们把吃饭分成两种极端情况。最小的这一头就是只吃能够维持生命最基本活动的量，在体内储存的能量消耗完之前，甚至可以完全不吃食物，只喝水。换句话说，就是只要饿不死就不吃。最大这一头就是有多少胃口就吃多少东西，反正就是不让自己有任何饥饿感。

最小这一头或许可以用一个很多人都熟悉的词来描述——"辟谷"。有些人会以辟谷的方式养生，认为辟谷的时间越长，对身体越有好处。这显然不符合现代的医学常识，否则也就不会有"营养不良"这个概念了。现代科学早在100多年前就认识到，除了基本的热量外，人体还需要维生素来维持健康，缺乏维生素会导致各种各样的疾病。

因此，要维持身体的健康，吃饭的最小这一头肯定不能是辟谷这样极端的吃法。如果有人认为这是养生，那么等待他的大约只有"皮包骨头"和"营养不良"。但是，"想吃多少吃多少"显然也不健康。完全不控制自

己的食欲，大概率会导致肥胖，这是因为我们有用脂肪储存热量的本能，这写在了每个人的基因中。而肥胖又会带来各种疾病，这已经属于常识，不再需要过多论证。

在"满足人体健康的热量和营养需要"与"想吃多少吃多少"之间，会有一个非常宽泛的过渡地带。假如我们把这个过渡地带都定义为"断食"的话，那么断食显然是保持身体健康所必需的，我们每个人都要有节制地吃东西。

所以，我们真正需要研究的是：到底"断食"到什么程度才是最佳状态。因此，那位读者问我的问题，其实更准确的描述是：**以怎样的方式摄入食物对身体健康益处最大，现代科学目前的最佳答案是什么？**

这样一来，概念明晰了，就可以继续往下做深入的探讨了。

假如我问你，一个人经常是饥一顿饱一顿，有时候不吃早饭，有时候不吃晚饭，饮食很不规律，这样健康吗？我想，大多数人的直觉都是"当然不健康"。甚至，绝大多数医生或者营养学家也会很肯定地告诉你，这对健康有害。最典型的就是，网上有大量文章告诫我们"不吃早饭的危害"，是不是很熟悉？你要是不吃早饭就出门，爸妈多半会唠叨吧。

1929 年到 1933 年，美国处于大萧条时期，无数人饿肚子。对于大多数穷人来说，哪有什么按时三餐，能偶尔饱餐一顿就是最大的奢侈了。然而，美国德雷赛尔大学的约瑟·塔皮亚（Jose Tapia）教授却发现，这期间美国人的平均预期寿命反而增加了 6 年，而且越是穷的人预期寿命增加得越多。该论文刊登在 2009 年 8 月的《美国国家科学院院刊》（*PNAS*）上。

这是一个非常反常识的发现。怎么在吃不饱肚子的时代，人们的预期寿命反而显著增长了，难道饿肚子还能长寿不成？当然，光有这个数据显然还不能得出这样的结论，因为相关性不是因果性。但这也足以勾起很多科学家的研究兴趣了。

其实早在 1931 年，美国著名的营养学家克莱夫·麦科伊（Clive McCay）就在研究吃饱和寿命之间的关系了。他发现，如果严格控制动物的喂食量，让实验动物保持饥饿感，这些动物的寿命会显著增长，其论文发表在 1935 年 7 月的《营养学期刊》上。但是，动物实验的结果不能轻易用到人类身上。虽然麦科伊教授很出名，但科学界并没有就此得出"吃不饱饭的人更长寿"这样的反常识观点。这个领域的相关研究差不多沉寂了 80 年，才重新勾起了科学界的兴趣。

在这之后，有越来越多的初步证据表明：控制食物的摄入可能对人的健康有帮助，尤其是对糖尿病病人。于是，在这个领域诞生了一个新的名词——"轻断食"，即按照某种固定的节奏来间歇性断绝食物的摄入，因此也可以称为"间歇性禁食"。

让"轻断食"走入大众视野并流行起来，缘于 2012 年 8 月 BBC（英国广播公司）电视台播出的一个名为"进食、断食和长寿"的电视节目。该片提出了一种非常具体的"轻断食"方案，被称为"5-2 方案"，即一周有 5 天保持正常饮食，另外 2 天吃得很少，只摄入 500~600 千卡的热量。相当于一整天就吃一小碗米饭，加一块红烧大排，再加一小盘蔬菜。

片中列举了很多研究以及一些专家的证言，表明这种吃饭方案对身体的好处，尤其是能延长寿命。并且片中解释了延长寿命的生物学原理：断食能抑制胰岛素样生长因子-1（IGF-1）的分泌，而这种物质被认为与人的寿命高度相关。

电视纪录片播出后，当即遭到了很多质疑，倒不是质疑 BBC 伪造学术证据，而是质疑其证据的充分性以及结论的可靠性。

不管怎么说，轻断食这种养生方案从此开始流行开来，也吸引了越来越多的科研机构对其进行研究。

各种不同的轻断食方案也层出不穷，比较出名的还有另外两种方案。

第一种叫作"隔日禁食"，就是一天正常吃饭，一天不吃或只吃一点点。

第二种叫作"每日 8 小时"，就是把一天要吃的食物都集中在某个 8 小时的时间段内吃完，比如早上起来之后的 8 小时。之后除了喝水不再吃东西。这个方案很像我们古代就有的"过午不食"。

总之，所有的轻断食方案都有一个共同的特点：让人经常保持饥饿感，不能一感到饿就吃东西，要让饥饿感维持很长一段时间。说实话，普通人想要做到这一点并不容易，因为饥饿感非常难受。

那么，轻断食到底靠不靠谱？自2012年BBC纪录片播出以来，科学界对轻断食的最新研究结论又是什么呢？为此，我着实下了一番功夫，几乎把最新的营养学论文翻了个遍。

我先说一个结论：**目前，科学共同体对轻断食基本上属于温和鼓励的态度，除孕妇之外的成年人，尤其是糖尿病病人在控制好血糖的情况下可以一试，但是否真的能延长寿命，目前动物研究证据较为充分，但人体研究证据还不够充分。**

下面我列举几个资料来源，供你参考。

我能查到的最新一篇高质量论文是2019年12月26日发表在国际知名医学期刊《新英格兰医学杂志》上的《间歇性禁食对健康、衰老和疾病的影响》，其结论是：间歇性禁食对许多健康问题都有广泛的益处，例如肥胖、糖尿病、心血管疾病、癌症和神经系统疾病等。动物实验研究证明，间歇性禁食在短期内可以改善整个生命周期的健康状况，不过长期影响以及对人体的影响还有待进一步研究。

2020年4月20日，口碑良好的健康资讯网站healthline.com（健康线）上发了一篇轻断食指南性质的文章。这篇文章对待轻断食持积极肯定的态度，列举了许多轻断食的益处，如瘦身、降糖、有益心脏健康、健脑、抗衰老等。我之所以从众多资料中特别选了这篇介绍，是因为它内容丰富，语言精练，而且每一个结论都附上了相关研究论文的网址，写得相当专业和严谨。如果你打算开始尝试轻断食的话，那么读这篇文章我觉得就足够了。

综合这篇文章中的观点以及哈佛大学医学院官网、梅奥诊所官网等不同高质量信源的文章，我最后再总结几点，以供参考：

1. 不吃早餐并不会影响健康，之所以很多人对不吃早餐有负面印象，主要是因为大多数典型的不吃早餐的人都有不健康的生活方式。

2. 任何时候，运动和锻炼都是不可或缺的。

3. 未成年人和孕妇不要尝试轻断食。

4. 如果你在断食期间感觉很不好，例如易怒、脱发、内分泌失调、

血糖不稳定等，请立即调整或者停止断食。

5. 你依然要按照膳食指南推荐的均衡饮食方式来安排膳食比例。

6. 不要对轻断食抱有过高的能取代正式医疗的期望，该看病时一定要去看病。

主要结论就是以上这些，如果你还想了解更多的话，可以点开信源网址一个个查阅，这些都是我筛选出来的高质量文章。说实话，健康养生是科普的一个超级大类，但也是一个相对来说最鱼龙混杂、良莠不齐的领域。我的建议是，如果你在网上看到这类文章，最应该关注的不是文章作者的头衔，也不是文章中出现了多少听上去充满学术味道的名词，而是看文章的结论**有没有证据的支持**。假如一篇文章通篇看下来只有教你该做什么，不该做什么，而没有列举这些观点的证据，那么即便这篇文章很符合你的常识，或者很有道理，你都不可轻信。

在营养学这个领域，唯一可以作为有效证据的就是正规科学期刊上的论文。论文的发表时间很重要，一般来说，最新的研究论文要优于旧的研究论文，发表期刊的影响力、质量以及口碑越高，论文的可信度也相对越高。医学和营养学是一门日新月异的学科，旧有的认知随时都有可能被最新的认知所取代，我们应当时时根据最新的证据升级我们的认知。

我这篇文章写于 2020 年 11 月 16 日，假如你读到这篇文章时，已经过去了好几年，那么，你也同样需要怀疑这篇文章是否已经过时，是否出现了更新、更好的证据来推翻我的观点。

请记住：**在医学这个领域，没有永远的专家，只有最新的证据。**

少吃饭多吃肉的生酮饮食到底好不好

有人说生酮饮食可以用于治疗癫痫、多动症、阿尔茨海默病、抑郁症、偏头痛等神经系统疾病。甚至，生酮饮食对部分恶性肿瘤也有很好的疗效。有这么神奇吗？我和助理小编一起耐心地查了一些资料，仅供大家参考。这里要特别说明的是，关于生酮饮食的研究到目前为止还不够充分，因此各种各样的材料比较多，也比较混乱，一来我不是营养专家，二来我做这个课题的时间也有限，所以我只能对我查阅到的资料的真实性负责，但无法保证全面，或许还有一些重要的研究证据我没有找到。

首先我要给生酮饮食下个定义。根据哈佛大学公共卫生学院网站公布的信息，生酮饮食就是低碳水、高脂肪、适量蛋白质的饮食。我们正常人的饮食结构以碳水化合物为主，碳水会占到总摄入热量的55%~65%，剩下的热量由蛋白质和脂肪提供。而在生酮饮食中，脂肪能占到至少六成，碳水化合物和蛋白质加起来只有两成到三成。所谓的适量蛋白质差不多是15%的热量占比，所以生酮饮食中的碳水化合物的占比是10%~25%。用大白话来说就是，生酮饮食者几乎不吃米面，少吃蔬菜多吃肉。不过对于吃多少蔬菜和肉的看法，各种尝试生酮饮食的人看法不一。维基百科上说生酮饮食应该就着大量蔬菜一起吃，主要的作用是营养均衡和防止便秘；美国数字媒体 Brit+Co 的一篇文章提出肉也应该适量，脂肪的来源应该尽可能通过橄榄油、牛油果等食物获得。而盯着肉吃、几乎不吃蔬菜，是过去生酮饮食比较片面化的执行方法，现在在一些文章中依然可以看到。根据生酮饮食"低碳水、高脂肪、适量蛋白质"的定义，理论上制定的食谱，保证脂肪的热量占到了绝对的大头，吃什么并没有绝对的限制。选择少量、适量还是大量的蔬菜水果，还有是不是一定要吃很多食谱中提及的牛油果都可以因人而异。现在有专门的 App 可以记录热量和三大热量来源的占比，你制定食谱时可以很方便地看到脂肪在热量中的占比。不过，大多数生酮饮食者的目的是减肥，而不是治疗疾病。

我给大家看一个典型的生酮饮食的食谱。我以成年人减肥一般每天摄入 1600 千卡为例，给大家做了一个最方便的生酮饮食示例，参考了网上一个记录自己生酮饮食的案例[①]。早餐，一盒 200 克的午餐肉，有些人可能对多少克没有概念，就是超市里最常见的那个国民品牌，10 元左右一盒的那种就是 200 克；午餐，蔬菜沙拉 300 克，煎鸡胸肉 250 克，差不多是装满一个盘子大小的量，最常见的必胜客这样的西餐馆常用的盘子，不过说是蔬菜沙拉，沙拉酱只有很少一点，不然热量会超标，沙拉酱的热量比薯片的热量还高；晚餐，酸奶 200 克，牛油果 1 个。总热量 1585 千卡，三大热量占比为脂肪 61%，蛋白质 17%，碳水 22%。不过我这只是一个简化的例子，如果要包括各种微量元素和维生素，食物来源还需要更丰富。

实际上，生酮饮食并不是什么新鲜事物。它已经有将近 200 年的历史了，最早出现并不是有人拿它来减肥，而是为了对特定的疾病展开治疗。19 世纪时，生酮饮食就被广泛用来控制糖尿病。但比较讽刺的是，2018 年 8 月 10 日，美国食品、营养和健康协会的格兰多以及其他科学家在《生理学期刊》发文，他们在小白鼠身上的实验证明，生酮饮食会增

---

① 来自知乎用户 zzz zzz《我的生酮减肥之食谱篇》。

加 2 型糖尿病的发病率。当然，动物实验的结果还不能放到人身上，但至少存在一定的可能性。这很有可能是违背使用者初衷的。

到了 1920 年，在其他疗法都无效的情况下，患癫痫的儿童也会采用生酮饮食。后来甚至有人尝试用这种饮食法来治疗癌症、多囊卵巢综合征、阿尔茨海默病等。但我必须提醒各位，这种治疗方案目前都还只能算是另类医学的治疗方案，有点像中国的偏方，并不能代替药物。如果是抱着死马当活马医的心态，你可以尝试，不过目前并没有可靠的证据表明生酮饮食对这些疾病的治疗是有效的。

真正让生酮饮食声名鹊起的是 20 世纪 70 年代美国掀起的低碳水饮食热潮。当时美国人一头热，认为只要少吃碳水就能瘦下来，就能健康美丽年轻态。和生酮饮食一样出名的还有阿特金斯饮食，它的特点则是蛋白质唱主角，高蛋白低碳水低脂肪。有一个简单的记忆方法来区分这些不同的饮食法，三大热量源，碳水唱主角的是我们最常见的普通饮食，生酮饮食是脂肪第一，阿特金斯饮食则是蛋白质为先。

当然，你可能还听说过各种各样的饮食法，但种种饮食法一般都是阿特金斯饮食法的翻版，只有强调高脂肪的生酮饮食是独树一帜，第一次听说的人会感到很惊讶，毕竟在我们的观念里无法把大口吃肉和健康联系起来。

那么生酮饮食真的能减肥吗？它背后的原理又是怎样的呢？如果想依靠生酮饮食成功减重，就必须基本掐断糖原。我们一般从碳水化合物中获取的糖，不仅仅是甜食，所有的米面、淀粉类的食物都是糖原。如果基本掐断碳水化合物，身体首先会从肝脏中提取储存着的葡萄糖，并暂时分解肌肉释放葡萄糖。这样过了三四天后，储存的葡萄糖也完全耗尽了，血液中胰岛素的水平会降低，身体开始把脂肪作为主要的热量来源。在糖原缺乏的情况下，肝脏代谢脂肪会产生酮体。酮体的"酮"字就是生酮饮食的"酮"，这个名称就是这么来的。

当酮体积聚在血液中时，会产生酮症。健康人如果长时间不吃东西或者进行剧烈的运动，也会引发轻微的酮症。发生酮症时，肾脏开始排泄酮体，随之排出的还有尿液和其他一些体液，这时人体的重量就会减轻，减轻的都是包括尿液在内的比正常量要多的体液的重量。

要注意的是，血液中如果含有过量的酮体，则会发生酮症酸中毒。这个病一般发生在 1 型糖尿病患者中，发病原因是他们的身体无法产生胰岛素，而胰岛素可以防止酮体过量。但是在一些病例中，长期低碳水的饮食可能会让一些非糖尿病患者也发生酮症酸中毒，原因就是我们刚才提到过的葡萄糖耗尽会使胰岛素水平降低。新闻里偶尔会有减肥的人中招的报道。酮症酸中毒时，一开始呼吸会感觉有异味，并会有想吐、身体虚脱等不良反应。

哈佛大学公共卫生学院在对多项生酮饮食研究进行了汇总分析后认为，可以证实，生酮饮食在短期内会对人体代谢产生有益的变化。除了体重减轻，与超重相关的健康指标也都得到了改善，比如血压降低、胆固醇水平下降、甘油三酯降低。但是，这里有一条重要的结论，如果把时间拉长到一年，生酮饮食与常规饮食在减肥效果和改善肥胖导致的疾病上的效果，基本是相当的，两者并没有显著差异。哈佛大学公共卫生学院的建议是，对于使用其他方法减肥都无效的人来说，可以在咨询营养师或医师之后，考虑使用生酮饮食。

你可能会觉得生酮饮食还挺爽的，可以放心吃肉，尤其是对那些肉食爱好者来说。但实际情况并没有你想象的那么好，过度压制碳水的摄入会导致饥饿、疲劳、情绪低落、烦躁、便秘、头痛和大脑经常一片空白。虽然如果你长期坚持生酮饮食，这些症状也能逐步适应，但是你要想清楚了，咱们中国有多少美食是用米和面做的啊，一旦采用了生酮饮食，吃碗美味的牛肉面，碳水就铁定超标了。

除此之外，生酮饮食从长期来说还有一些副作用，包括前面提到的哈佛大学公共卫生学院以及其他一些容易查到的研究表明，它会增加肾结石和骨质疏松症的患病风险，也有可能导致尿酸过高，而尿酸过高的人容易发生痛风。维基百科上还提到，有些生酮饮食还会限制液体的摄取，我们刚才也提到过，酮症减轻重量靠的就是体液的排出，靠多排体液少喝液体来减重。但这么做会提高肾结石的风险，也容易造成便秘，现在的生酮饮食已经不再限制液体摄取了。这一点大家注意，喝口凉水都会胖只是玩笑话，再减肥也不能走火入魔连水都不喝。此外，除了肉，几乎把整个食物圈挡在嘴巴外，也很容易发生营养不良或一些维生素和微量元素缺乏的情况。

如果你感觉这些副作用都在承受范围之内，那你可以尝试，至少目前为止没有发现什么致命的风险。但从我看到的资料来看，目前对生酮饮食的研究还非常有限。研究参与者人数并不多，参与时间也不长，通常在三个月以内，并且不包括对照组。

值得一提的是，根据哈佛大学公共卫生学院的说法，2型糖尿病患者正在越来越多地尝试生酮饮食。对此，科学界是有争议的。根据我前面提到的研究，在小鼠身上的实验证实，这种饮食会增加2型糖尿病患者发病的可能。但小鼠和人毕竟是两个物种，还需要更多的人体研究来证明，本来是用来治病的饮食疗法有没有可能是适得其反的。而生酮饮食治疗癫痫一般也只用于常规治疗无法控制病情的儿童。

2017年9月的时候，朋友圈疯传一篇文章《多吃主食死得快，〈柳叶刀〉的最新研究打了多少医生、营养师的脸》。这篇文章中指出，《柳叶刀》从2003年到2013年，针对35岁到70岁的成年人，在18个国家做了问卷调查，问卷记录了13万人的进食情况，主要调查心血管疾病方面的死亡率和饮食之间的关系，得出了一个结论：较高的碳水化合物摄入量和总死亡率风险的增加有关，而脂肪的摄入量和总死亡率风险的降低有关。当时生酮饮食的拥护者一片欢欣雀跃。不过这项研究只是初步的，而且马上就有专家出来辟谣了——科普作家、食品工程博士云无心表示，这项研究是在部分低收入的体力劳动者中进行的，对我国进行的调查数据有偏差，我国大多数国民碳水化合物吃得并不多，这篇研究不能证明绝大多数国人少吃主食或用肥肉来替代主食会更有利于健康。云无心认为，研究只说明了脂肪和肉吃得太多、太少都不好，并不是可以随便吃。而且，虽然这项研究的膳食推荐范围与现在的膳食指南存在一些差异，但相差并不大。我觉得，在对于怎么吃才健康这件事情上，各种各样的争议肯定会长期存在。

为了写这篇文章，我看了不少生酮饮食爱好者的食谱，发现他们遵循的其实还是低热量减肥。毕竟热量守恒是不会变的：你的体重变化由你每天摄入的热量所决定，如果摄入的热量＞支出的热量（包括新陈代谢和运动），也就是吃得多动得少，你就会长胖；反之，你就会瘦。

讲到这里，我们的结论就是：平常心看待生酮饮食，它既不是什么骗局，也不是什么灵丹妙药，你如果想尝试，我也不拦着。

最后，如果你问我会选择什么样的饮食结构，我觉得，权威机构发布的膳食指南依然是最值得信任的。联合国粮食及农业组织在官网上推荐的是各个国家自己的膳食指南，中国的是"膳食宝塔"，美国的是"我的餐盘"，除此之外，还发布了一份英文的总结性的指南以及各国对比，名为"餐盘、金字塔、星球：不同国家健康和可持续的膳食指南的发展情况与评估"，文件地址我都附上了。简单总结一下，就是多吃蔬菜、水果，碳水、脂肪、蛋白质一样都不能少，均衡最重要。

到底摄入多少碳水化合物合理

2018年8月16日，著名的《柳叶刀》杂志发表了一篇研究碳水化合物与死亡率的论文。所谓的碳水化合物其实就是糖类的另一种称呼，只是考虑到普通人一般听到糖就本能地以为只有甜的才叫糖，所以在食品科学或者健康养生的话语环境中，一般大家都把糖类说成碳水化合物，简称碳水。像富含淀粉的面包、米饭、面条或者甜甜的各种糖都是这篇论文中所说的碳水。

2017年，《柳叶刀》发布了一篇研究脂肪与死亡率的论文，引起了轩然大波；2018年这篇则是碳水与死亡率，不过好像比较安静，讨论的人不多。那我们少啰唆，先上结论吧：**碳水摄入量占单日热量来源50%～55%的人群，死亡率最低。**

那么这项研究是怎么做出来的呢？观点可靠吗？这项研究的参与者是15428名美国人，年龄在45～64岁，来自四个分属于美国不同城市的社区。20世纪80年代末，研究人员用了6年时间，通过问卷的方式，收集了这些参与者的饮食习惯。接着研究人员追踪调查了长达25年，并记录了参与者的死亡情况。这25年中，共有6283名参与者离世。

研究人员把每日热量来源中碳水占比低于40%的定义为"低碳水"饮食，高于70%的定义为"高碳水"饮食。研究发现，在1/4个世纪的时间中，高碳水和低碳水饮食的人死亡率更高，而那些"适量碳水"，尤其是碳水占到总热量源50%～55%的人死亡率偏低。

根据这些发现，研究人员做出了一项预测。以50岁以上的群体为例，适量碳水饮食的人群平均预期寿命为83岁，而低碳水饮食（也就是前面提过的生酮饮食和阿特金斯饮食）的人群的平均预期寿命少了 4 年，为 79 岁。

不过有一种吃法可以逆转这种颓势。《柳叶刀》公布的这项研究的第二部分中，研究人员详尽分析了用蛋白和脂肪替代部分碳水后，参与者们发生的不同反应。我们知道，蛋白质分为动物蛋白和植物蛋白，鸡鸭鱼肉就是动物蛋白，大豆、豆腐、坚果就是植物蛋白。《柳叶刀》的结论是，那些低碳水饮食者如果还同时摄入了大量动物蛋白和脂肪，则早死的概率更高。但如果同样是低碳水饮食者，他偏爱吃素，以植物蛋白和脂肪为主，那么早死的概率则偏低。

这项研究的第一作者赛德尔曼博士（Dr.Sara Seidelmann）是哈佛大学医学院附属布莱根妇女医院心血管药物研究员。她在一份声明中说道，现在越来越流行低碳水饮食，用蛋白质或脂肪去替代饮食中的碳水，但我们的数据分析显示，在欧美风行的以动物蛋白为主的低碳水饮食可能与整体的寿命缩短有关，如果你决定执行低碳水饮食，那么至少把你的碳水换成以植物为主的蛋白质和脂肪，长期这样做会使你健康地老去。这也就意味着，让我们多吃豆腐少吃鱼。

研究人员在完成了对美国人的调查形成报告后，又汇总了其他七项研究的结果，形成了一份来自 20 个国家、包含了 43.2 万人的分析。这项分析进一步证实了赛德尔曼博士早期的发现，那就是与适量碳水饮食相比，高碳水和低碳水饮食的死亡率总体增加了 20%。但如果摄入的是植物蛋白和脂肪，情况就不会这么糟糕了。

如果读到这里，你感觉自己以前的很多认知被颠覆了，那这篇论文中还有一个建议也足以颠覆你的观念，那就是少吃水果，因为水果中的碳水占比太高，换句话说就是糖分太高了。大多数人可能都认为要多吃水果，因为我们经常会听到的建议就是多吃蔬菜水果少吃肉，但是观念在改变。不过我倒并不惊讶，反而印证了我之前看过的一些研究报告，说水果中的糖与其他糖并无本质区别，你吃水果摄入的糖与喝软饮料、吃冰激凌摄入的糖在本质上是一样的，不要以为水果中的糖就会比其他甜食中的糖更好。而糖现在越来越被认为是现代人健康的第一杀手。

不过研究人员也指出，他们的研究只是发现了相关性，并没有证实因果性。也就是适量碳水与长寿有关，但长寿是不是适量碳水的功劳，那还没有定论，这个说明为我保住了继续吃海鲜的唯一理由。还有一点也很关键，研究人员是在最初的 6 年里调查了参与者的饮食情况。但随后的 25 年里，研究人员没有进一步跟踪这个关键信息。老人们很可能改变了饮食习惯，而这也会影响结论的可靠性。

下面我们一起来学习一些基本的营养学知识。基本上，每种食物都含有碳水、蛋白质、脂肪三种热量源，这三大热量源也是三大营养素。水和盐是没有热量的，计算食品的热量有一个快速公式，碳水的克数 ×4+ 蛋白质的克数 ×4+ 脂肪的克数 ×9，得到的结果就是含有多少千卡热量，有时候也说多少大卡。

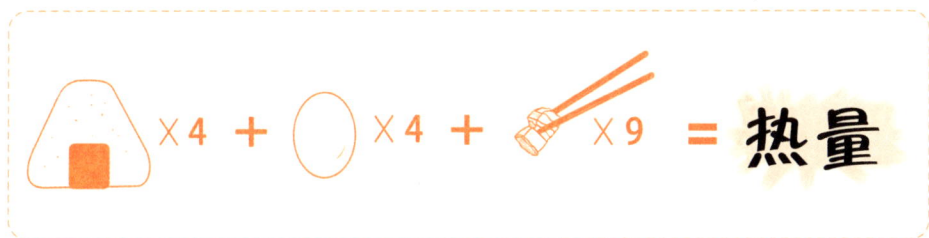

但是要注意一点，食品标签上所用的单位一般是千焦（kJ），你要把这个数字除以 4 就大约等于我们熟悉的多少千卡了。一个普通成年人每天标准的热量摄入大约是 2000 千卡，低劳动力的女性可以低到1800 千卡，体重大一点的男士可以高到 2200 千卡。我们取个平均值2000 千卡。那么按照《柳叶刀》的最新说法，碳水化合物占到总热量的50%～55% 最延年益寿，也就是我们每天需要摄入 1000～1100 千卡的碳水。这比较抽象，我来举个实例帮助大家理解。

先给大家把计量工具定下了。我用的是一个很常见的小碗，口径11.5 厘米，高 5.5 厘米。我们平时在饭店吃饭，最常见的那种装米饭的小碗也是这么大。这个碗装满，大概是 200 克的米饭，差不多也是 200 克的蔬菜，装红烧肉的话可以到 300 克。

那么200克的米饭，含有多少碳水呢？米饭中89%的热量源来自碳水，所以200克米饭含有差不多180千卡的碳水热源。米饭中，脂肪占到2%的热量，蛋白质是9%，基本可以忽略。假设一个人每天只吃米饭加一点点菜的话，他就是超高碳水的饮食。

实际上，会让大多数人大吃一惊的是，苹果的碳水占比比米饭还高。它的碳水占到了总热源的95%。一个200克的苹果，含有的热量是108千卡，差不多半碗米饭。简单来说，就是吃两个苹果相当于吃了一碗米饭。蔬菜的碳水占比也不低，比如卷心菜的碳水占比是65%，不过蔬菜的重量很轻，总热量不高，所以，尽管多吃点，吃不胖的。

这些东西碳水都很高，但剩下的食物，尤其是要放油的炒菜，则是蛋白质或者脂肪占大头了。比如，咖喱鸡块，脂肪占比56%，蛋白质占比34%，碳水只有10%；肉末茄子，脂肪77%，蛋白质13%，碳水10%。

按照《柳叶刀》的说法，碳水占比50%～55%是最好的，但是真要实现这种配比，说实话，没有一个专门计算热量、营养素占比的App，光靠一句简单的"多吃米面"基本上是不可能完成的任务。所以，如果你下决心要开始改变饮食了，无论是哪种营养源占第一位，都不能简单地凭着感觉吃，还是要计算一下才稳妥。

我估计读到这里有一部分读者该困惑了，现在彻底不知道到底该怎么吃才健康了。我的观点是，在综合了所有已知的研究成果后，最健康的吃法就是同时满足三个目标：一、总热量控制在2000千卡左右；二、按照中国膳食宝塔推荐的食物配比；三、碳水占总量的50%～55%。

要同时满足这三个目标，就有点像是用凑答案的方法解方程式了。我把这个任务交给了我的助理小编，让她试着算算，看看能不能同时达成三个目标，她费了好大的力气，终于凑出了一份食谱，大家可以参考一下：

早餐：纸盒装牛奶一盒（250毫升），半小碗燕麦片（100克），鸡蛋1个。

上午零食：花生25粒，中等大小的苹果一个（250克）。

午餐：米饭一小碗（200克），花菜黑木耳一小碟（200克），洋葱黑椒牛肉一小碟（200克）。

下午零食：豆腐干一块（50 克），酸奶一小盒（100 毫升）。

晚餐：米饭一小碗（200 克），清蒸鲈鱼半条（100 克），清炒卷心菜一小碟（200 克）。

这样算下来的结果是：一天总计热量 1983 千卡，碳水占比 52%，蛋白质 22%，脂肪 26%。

记得，每天还要喝 8 杯水，用 200 毫升的小杯子。配合走路一小时，6000～7000 步。

好了，大家可以考虑一下，是否需要参照我这份指南来生活。

转基因谣言粉碎记（一）

关于转基因的问题，恐怕是中国社会目前分裂指数最高的几个话题之一了，我非常支持对转基因好坏的辩论，因为真理越辩越明。但是，我特别反对那些建立在虚假事实上的议论文，尤其是有些文章引用的论据很容易就能查证出来属于谣言。而如果文章中又总是喜欢用一些夸张的、看似小幽默的网络用语，那我就更是反感了。我觉得这些文章的作者要么是完全没有信源可靠度的概念，要么就是明知是假的也要用，无论是哪种情况，我都比较反对。

我找了几条传播广泛但普通人又不太容易辨别真假的消息，为大家做了一点查证的工作，我相信会有助于大家客观看待转基因食品的问题。

我们先来听一则流传最广，影响恐怕也是最大的来自央视的报道，我估计大家在微信群中都看到过这则新闻。这其实是 2013 年 6 月 21 日中央一套《晚间新闻》的报道，但是 5 年多过去了，我们还总是可以看到有人转发，让人感觉就像是刚刚发生的新闻一样：

好，我们进入今晚关注。转基因是 20 世纪 80 年代诞生的技术，主要是通过分子生物手段将一个生物体的基因嫁接到另外一个生物体，从而导致生物的遗传特性发生变化。转基因食品从诞生起就一直伴随着争议。今天，黑龙江大豆协会公布的一份分析报告就认为，人们患癌的原因与转基因大豆油高度相关。

"我们通过这个分析报告，最终得出的结论就是说，国内的肿瘤发病可能与转基因大豆油的消费是高度相关的。"王小语说，之所以得出这样的结论，源于《2012 中国肿瘤登记年报》。他认为，河南、河北等地是我国肿瘤发病集中区，而巧合的是，这些地方基本都是转基因大豆油的消费集中区域。另外，黑龙江、辽宁等地不是肿瘤发病集中区域，基本上都不以消费转基因大豆油为主。

"您看这个，江苏省、山东省它们同在沿海省份，江苏是肿瘤高发病区，但是山东却不是，那么仔细研究发现山东省是以消费国产大豆油、花生油为主。"

王小语说，湖南、湖北、浙江、贵州这些地方人们主要吃菜籽油，肿瘤也不高发。

中国人对央视的信任度还是很高的，所以，很多人看到这段视频当然很容易相信。但是，经过一番查证后，我对制作这段视频的人感到非常愤怒，故意误导公众这一条视频是坐实的。为什么呢？因为这个视频播放的不是完整版，他故意把最重要的结尾几句话给掐掉了：

仅仅依靠一份肿瘤分布图，就得出转基因大豆油致癌的结论，让外界对王小语的结论存在质疑。另外，王小语"黑龙江省大豆协会副秘书长"的特殊身份也给他的结论带来了尴尬。据了解，我国大豆油市场 90% 以上的份额被转基因大豆油占领。这让传统大豆的种植基地黑龙江处境非常艰难。选择在此时抨击转基因大豆油的黑龙江省大豆协会副秘书长王小语，自然让公众质疑他的结论是否站得住脚。

剪辑多可怕啊。实际上，就在央视随后播出的《新闻 1+1》栏目，又针对这个话题做了 20 多分钟的报道：

我们国家进口了第一批转基因的大豆，应该说从那个时候开始，争议甚至质疑就是和转基因大豆相伴而生的。但即便是有了这样的一个背景，当我们今天看到王小语先生提供的这样一个观点的时候，仍然是感到触目惊心的。那接下来我们就连线黑龙江省大豆协会的王小语副秘书长。

这个节目比较长，首先是再次采访了王小语先生，然后是专家连线，采访了中国人民大学农业与农村发展学院教授郑风田和农业部农村经济研究中心研究员张照新先生，请他们分别谈了对王小语先生观点的看法：

郑教授：这个报告我仔细看了下，还是挺荒谬的。为什么呢？因为很多东西很牵强。我们国家肿瘤发病率提高有多种因素，尤其是我们原来工业的发展，乡镇企业土壤污染、水污染。这可能是核心的原因。把这个和转基因大豆油联系在一块儿，我觉得是没有因果关系的。这样来说呢，知道有公开公正透明，我想消费者的疑虑慢慢会打消的。

主持人：好，谢谢郑教授。

最后央视的结论是：

2011年12月，农业部就曾发布《转基因明白纸》称，通过安全评价并获得安全证书的转基因食品是安全的，可以放心食用。

所以，完整地看完央视《晚间新闻》和《新闻1+1》栏目后，我们就会发现，实际上央视是把王小语先生的观点作为一个反面的靶子来驳斥，借这样的一个机会来辟谣的。结果却被某些人用剪辑的手法偷天换日，成了转基因致癌的证据了，不知道央视的制片人看到会作何感想。

不过，我看完节目后，对专家的发言依然有一些不是很满意的地方，因为两位专家都没有针对王小语先生举出的具体数据进行针对性的分析，而是泛泛而谈。实际上，王小语先生所有的论据都来自一份报告——《2012中国肿瘤登记年报》。我特地找到了这份报告的全文，下载下来一看啊，有300多页，要找到我需要的信息还真是一件苦差事。但是为了求真的科学精神，

我还是让小编耐心地去核对王小语先生提出的观点。在报告的第 12~13 页，有一份 2009 年的全国各个采样城市的肿瘤发病和致死的具体人数的数据，但是原始数据并不是按照省份来分的，也没有比例数据，所以，从报告中是不可能直接看出全国哪个省份的肿瘤发病率最高或者最低的。如果想要知道哪些地区肿瘤高发，那么还必须像我们一样把密密麻麻的 104 条数据耐心地敲到表格中，然后统计出比例，再排序。这些工作大约需要 2 个小时才能完成。最后小编把数据拿到我面前，我扫了一眼，就发现与王小语先生的说法有比较大的出入。例如，王小语先生说河南、河北等地是我国的肿瘤发病集中区。但是在这份数据表上，排名前十的地方是大连、上海、扬中、盐亭、海门、嘉善、苏州、杭州、阳城、厦门，河北只有一个涉县排名第 12。而排在最前面的河南的一个城市是林州市，排名第 39。王小语先生说辽宁、黑龙江、浙江这些地方不是肿瘤高发区，可是在这份年报中，排名第一的就是辽宁大连市，而浙江省有两个城市在前 10 名中。黑龙江哈尔滨市道里区肿瘤发病率排名第 28，比他说的所谓高发区的河南林州市的排名靠前多了。所以，结论就是王小语先生的数据不知道是从哪里来的。实际上，即便是同一个省份，不同地方的肿瘤发病率差别也很大，比如江苏扬中市排名第 3，而江苏的盱眙县排名第 102，所以，从这份表中是不可能得出江苏的肿瘤发病率高于山东的这个结论的，因为报告中只有城市的数据，而没有省份的数据。另外，我还注意到，实际上，全国各个城市的肿瘤发病率并无显著差别，大多都是千分之二三的差别。

我还试图找到转基因大豆油消费的数据，想来核实一下王小语先生所说的那些转基因大豆油消费高低省份的数据是否准确，无奈我翻遍了互联网也找不到。

关于转基因食品与癌症有关的消息，还有一条也是流传比较广的，这条消息是 2012 年 9 月，法国凯恩大学塞拉利尼（Gilles-Eric Séralini）教授在 SCI 核心期刊《食品化学毒物学》上公布的研究结果称，通过为期两年对 200 只实验鼠进行的分类实验发现，用转基因玉米饲料喂养的实验鼠，容易患肿瘤及内脏损伤。很多文章中还配了很吓人的老鼠肿瘤的图片，似乎有图有真相。这篇论文确实是存在的，但是，事情的全貌是欧洲食品安全局在当年的 10 月就予以了否定，认为实验路径和数据分析都有重大缺陷，论文也遭到了撤稿。

总之，到目前为止，在超过 3500 本的 SCI 核心期刊数据库中，我没有检索到任何一篇没有遭到撤稿的指出转基因食品存在健康安全风险的论文。相反，证明转基因食品对人体健康的安全性与非转基因食品一致的论文不计其数，不仅有论文，还有权威机构的白皮书、报告。

其中最有分量的一份报告是 2016 年美国科学院发布的转基因报告，美国科学院完成了史上规模最大的一次转基因作物安全性的调研，最后的结果是一份长达 600 多页的报告。这份报告是向全世界公开的，任何人都可以在美国科学院指定的出版机构的官网 nap.edu 上免费下载，我们来看看这里面关于转基因与疾病是怎么说的。

在报告的第 17~18 页写道：有专业人士提出质疑，转基因食品消费是否会导致某些特定疾病的高发，比如癌症、肥胖、胃肠道疾病、肾脏疾病、自闭症、过敏等。关于这些疾病的成因，也有很多环境、饮食等方面的假说，但都缺乏明确的证据。委员会进行了长期的病例对照研究。一组病例来自美国和加拿大，这两个国家从 20 世纪 90 年代中期开始消费转基因食品。对照组的病例来自英国和西欧，这个地区转基因食品的消费量不大。委员会发现来自英国和西欧的数据与来自美国和加拿大的数据在 20 世纪 90 年代后并没有差异，不会增加特定疾病（包括癌症）的发病率，也不会降低。需要特别指出，一些类型的癌症的发病率在美国和加拿大确实发生了变化，但数据并没有显示这和食用转基因食品有关。另外，美国和加拿大的癌症发病率的变化模型大体上和英国以及西欧的模型相似。同理，得到的数据也不支持转基因食品会引发肥胖和 2 型糖尿病的高发这一论点。

转基因谣言粉碎记（二）

我们继续上一节话题，谈与转基因有关的一些谣言。我认为，任何理性的辩论都有一个最基本的前提，那就是，所有的观点都不能建立在虚假事实上，或者用谎言去驳斥谎言，至少我们在主观上要尽最大的可能去求真。所以，我非常希望大家在看任何一篇文章的时候，关注其中的一些主要论据的信源是什么（信源就是信息的最初来源），这个信源是否可靠。如果你始终有信源的概念，就不太容易被骗了。我们继续来看几个常见的不实信息。

美国人不吃转基因食品，专门生产给中国人吃。

这也是一个由来已久的谣言。不过这句话本身有一些语义上的模糊，首先，什么叫"美国人不吃"？美国人并不是一个具体的人，我们总能找到一个吃或者不吃转基因的美国人。所以，我的理解是，有些人以为大多数美国人不吃转基因食品。

但事实到底怎样呢？网上的信息有各种各样的说法，我刚才说了，信源的可靠度是最重要的，我们不能因为在网页上看到列出的搜索结果就选择相信自己愿意相信的说法，我们应当看看每个搜索结果的信息来源，这才是最重要的。

那么，我给大家提供一个信源比较可靠的搜索结果：根据美国环境工作组的数据，注意，这是美国人自己统计出来的数据，根据这个工作组的不完全统计，平均来说一个普通美国人一年内大概吃 87.5 千克（单位经过换算，后同）的转基因食品。研究人员分析了美国农业部提供的 2011 年的有关转基因食物的数据。他们分析了四种食物，分别是甜菜、玉米糖浆、大豆油和以玉米为原料的食物。这四种食物也是美国转基因比例最高的食物。在美国，95%的甜菜、93%的大豆和88%的玉米都是转基因食物。最终的结论是，一个体重80千克的美国成年人每年要消耗32千克甜菜、25千克玉米糖浆、17.5千克大豆油和13千克玉米食品，加起来的总量超过了自身的体重。

在美国，通过批准的转基因食品不仅仅局限在植物领域。2015年11月，FDA（美国食品药品监督管理局）批准一款转基因三文鱼上市。从此，转基因动物也走进了美国的超市，走上了美国人的餐桌。

实际上，这个问题就像一个外国人质疑中国人生产的中药都是卖到国外的，中国人自己不吃中药一样。那么请问，如果你想向那个外国人证明中国人吃中药，你能想出一些什么样的证据呢？有些人可能想到了官方的统计数据，有些人想到去药店拍一点照片或者录像，有些人想到可以用医院的药费单子做证据，有些人想到用中药厂商的交易记录做证据，有些人想到找一些中国的名人来现身说法，等等。但即便如此，那个外国人依然不信中国人自己也吃中药。现在的情况是，所有我刚才列出的那些类型的证据，都已经有人列出来证明美国人吃转基因食品，但就是有很多人依然不相信这一点。实在是没办法。

证据几乎遍地都是，比如《科学美国人》的一篇文章中就提到，美国大约七成的加工食品中都含有转基因成分。另一篇来自农业科技资源信息网 ucbiotech 中引用的数字是80%。在一个著名的英文问答网站 Quora 中有一个问答就是关于"美国人是否吃转基因食品"的，下面的回答都是美国人自己来现身说法。在必应搜索这个问题，给出的推荐结果中就提到，北美洲的人几乎吃的每样东西里都有转基因成分，除非你购买有"非转基因"或"有机"标签的食品。可是，依然会有人说：美国人都不吃转基因食品。那我们只能说他们缺乏科学精神了。

不过，有一件事情是真的：美国富人阶层偏爱有机食品，不喜欢转基因食品。对于这个现象，美国公共广播公司2018年4月进行过专门的报道。

密歇根州立大学一个研究团队把家庭年收入5万美元以上的人称为

富人，年收入5万美元以下的人称为穷人。他们的调查显示，富人中有49%相信自己比穷人更了解全球食品体系。而穷人中，这一比例只有28%。进一步的调研发现，富人认为有机和非转基因食物代表着健康，他们愿意为此支付更多的金钱，并且如果不能为家人提供这类食物会感到内疚。

但讽刺的是，比尔·盖茨却在公开场合说转基因食品"绝对健康"（perfectly healthy），他对有些人认为非转基因食品在健康方面更胜一筹感到非常失望。

就跟很多中国人对转基因心存疑虑一样，也有大量的美国人对转基因心存疑虑。比如，美国独立民调机构皮尤研究中心（Pew Research Center）2016年的一份调查指出，44%的美国人表示他们在上一个月购买过带有"非转基因"标签的食品，只有28%的美国人表示他们上一个月没有特地购买过带有这一标签的食品，还有27%的美国人表示不确定购买的是不是转基因食品。

这里顺便再说一下，关于美国转基因食品是否标注的问题，是一个正被讨论的问题，所以会不断有新的消息出来，因此大家要注意新闻稿发布的时间。美国的缅因州本来准备自行立法转基因食品的标识，但2016年6月美国国会通过了一个决议：转基因标识法不能每个州各行其是，必须由国家层面统一制定联邦法律，并指定美国农业部用两年时间制定出一个全国通用的转基因标识法规。奥巴马签署了这项法案。但直到2019年12月，还没有涉及具体的执行。也就是说，未来，美国很可能会要求强制标识转基因食品，但至少现在是不强制的。大家注意，我国是要求强制标识的。

但不强制要求标注，不代表自愿标注不合法。有一家叫作"NON GMO Project"（非转基因项目）的机构，标注非转基因食品有不少年了。根据美国公共广播公司的报道，这家机构的行政总裁表示，自从2010年启动这个项目以来，标签的数量呈现指数级增长，标签上有一只橙色的蝴蝶，2016年共有160亿美元的商品上标有这只蝴蝶。此外，非转基因商品的增长幅度已经超过了有机食品。

奥运会全面禁止转基因食品入场。

事实真相是，不管是 2008 年的北京奥运会，还是 2016 年的巴西里约奥运会，我从未查到任何国际奥委会或者举办国奥委会的官方文件声明禁止转基因食品。2016 年 11 月 28 日，人民网还专门刊登过一篇文章，标题就是"国际奥委会从未禁止转基因食品"，这可以看作中国官方的一个声明，至少是明确表明中国奥委会是不可能禁止转基因食品的。

该文指出，这则传闻起于《强化农业转基因生物安全监管为平安奥运做贡献——北京市召开 2008 年农业转基因生物安全管理工作会议》。其中提到，农业部农业转基因生物安全管理办公室副主任邵建成强调，要警惕奥运期间存在有可能的转基因食物进入食品链的隐患。

这篇起头的文章目前已经无法找到原文了，仅仅在一些个人的博客上有截图。但就算这篇文章属实，这段话也只是官员对奥运转基因政策的误读，不代表中国奥委会和国际奥委会的官方表态，也不代表奥运会真的禁止转基因食品。

《奥林匹克宪章》是奥运会的根本法则。在这份 100 多页的规范性文件中，并没有规定运动员在奥运会期间可以吃什么，但在它明文禁止不能吃的名单上，兴奋剂位列其中，转基因食品并不包含在内。

人民网的文章中说，中国奥委会也没有明文规定运动员不能食用转基因食品。中国奥委会明文规定的五条"赞助企业甄选原则"，没有一条与转基因话题相关。在中国奥委会的合作伙伴中，中粮集团名列其中。根据双方协议，2013—2019 年，中粮为参加 2012 年伦敦奥运会等 19 场世界级体育赛事的运动员提供粮油等食品。中粮是国内最大的转基因大豆进口商和加工企业之一。

不过，大家要明白一点，作为商家，他们首先要考虑的是迎合市场上的消费者心理，因此，有一些奥运会的赞助商特地声明自己向奥运会提供的商品不含转基因成分，这是完全合乎商业逻辑的。

例如，根据美国三大新闻周刊之一的《美国新闻与世界》报道，乔班尼公司是美国奥运队的官方赞助商，它主推的酸奶产品就强调是非转基因的。2016 年里约奥运会期间，乔班尼公司为美国队提供了超过 7 万杯酸奶。

在我看来，这没有什么可值得大惊小怪的。就好像我们逛超市的时候，经常可以看到标注为"非转基因"的花生油，但实际上中国根本不存在转基因花生，自然也就不存在转基因花生油，任何花生油都是非转基因的。但是商家喜欢标注，这也是为了迎合一部分人的消费心理而已。

实际上，我的观点是，现在市场上越是标注为"转基因"的食品，安全性反而越高，正是因为转基因食品很敏感，大家都盯着，要求和规矩也最多，各种检测报告最全，食药监局查得也比普通食品严格。所以，有转基因标签的食品反而更能放心食用。不过有我这种心态的人毕竟是少数，因此商家还是会选择迎合大多数人的心理。

反季节蔬菜、水果都是转基因食品吗？

朋友圈中经常流传着这样的消息：应季食材是非转基因；反之，十有八九是转基因。比如反季节蔬菜、水果。

真的是这样的吗？

实际上，我们常说的反季节蔬菜的来源有三类：一是异地种植，比如从南方运到北方；二是应季种收，通过现代技术长期保存，这跟以前北方冬天储存大白菜是一样的；三是"大棚种植"，人为地为蔬菜提供适于生长的光照、温度和水等条件。现代人夏天需要空调、冬天需要暖气、空气干燥了要加湿器、觉得气味不好了要清新剂，大棚里的蔬菜也是一样的。

反季蔬菜跟"应季蔬菜"在某些营养成分的含量上可能有差异，有时候味道口感的差别也比较大。不过，这些差异并不意味着它们"没有营养"，更不意味着它们"可能有害"。

实际上，在中国，除了番木瓜外，其他转基因水果，你想吃也不一定能吃到。对于转基因大豆我国只被批准用来榨油，不能做成豆制品，但是我们不能排除有些商家违规用转基因大豆来做豆制品。因为做出来的东西几乎完全一样，老百姓不可能分辨得出来。同样的情况还有玉米，虽然国家规定转基因玉米不能直接零售，必须做成加工食品后销售，但是我们不能排除商家违规销售的情况。遗憾的是，除了专业的检测机构，老百姓是没有办法分辨的。

那市场上会不会有其他没有被中国批准种植或者进口的转基因蔬菜、水果呢？我觉得可能性很低，大家知道蔬菜、水果是很不容易保存的，时间稍微一长，口感就会受到影响，不容易卖出去了。走正规的报关、检验检疫流程的跨国空运的蔬菜水果价格都很高，不是普通老百姓能接触到的。而商家冒着巨大的违法风险成本向国内走私转基因水果，简直是开玩笑，因为在你我的周围，似乎没有发现什么天价瓜果蔬菜吧？没有利益的事情，商家是不做的。

从全世界范围来说，目前已经可以进入商业化种植的蔬菜水果有这些：玉米、大豆、土豆、木瓜、南瓜、油菜、苜蓿、苹果、甜菜、西红柿、菜籽、红菜头、李子、菊苣。所以，除了这些蔬菜、水果，你想吃到其他转基因的蔬菜、水果，除非跑到全世界各个国家的转基因实验室，否则是吃不到的。

好了，关于转基因的辟谣我就先说到这里。但这还没有完，在对待转基因这个问题上，并不是只有反转派和挺转派，实际上还有一个相对来说是中间派的理性学者。这一派的学者也是从逻辑和实证出发，对转基因问题持相对谨慎的态度，他们主张国家要放缓转基因产品的商业化，多花些时间看看，再多做一些研究。这一派的学者在国内和国外都有不少，而且我在国外媒体上看到过的一些关于转基因的辩论，基本是这一派与挺转派的辩论。我暂且把这一派的学者称为"慎转派"。

慎转派对于转基因的担忧主要体现在以下三个方面：

1. 生态平衡

在科学声音的专家团中，就有一位国内某知名大学做生态学研究的学者，他的观点是：从生态系统来看，转基因生物就是一个新的物种，也是一个外来种，由于其生物学上的优良性状，大多具备了恶性入侵外来种的特征，其潜在的破坏性不得不令人担心：今天你能控制它在靶标生物上，明天你是否能控制其向非靶标生物的逃逸？生态系统的恢复能力远没有我们想象的那么强壮。生态系统无法恢复，就会产生新的演化，但这个演化最终可能导致不适合人类生存。

2.生物多样性

目前的转基因农作物主要是转进了抗虫和抗除草剂的基因，有些学者担心，长期下去会使得昆虫和杂草的多样性降低，还有可能产生"超级害虫"或者"超级杂草"。另外，转基因农作物相对其他传统农作物有着压倒性的优势，农民全都选择种植同一品种的农作物，这本身也是在降低生物多样性。

3.转基因食品的间接安全性

不是说转基因食品本身有什么安全性问题，而是说在转基因食品生产的过程中，有可能产生高于传统农作物的安全风险。一个经常举的例子就是农药草甘膦的使用，因为转入了抗除草剂的转基因农作物对草甘膦有很强的耐受作用，所以，转基因种植场中就会大量使用农药草甘膦，以达到除杂草的作用。这样，就有可能造成转基因农作物的农药残留问题。而草甘膦的安全性目前还有很大的争议。

当然，除了以上最主要的三个观点外，慎转派还有很多其他理由要求慎重对待转基因农作物。

我是非常支持各路专家学者针对以上问题多辩论的，这些理性的探讨有助于人类全面了解转基因问题，正像有些人说的，转基因不仅仅是科学问题。

实际上我对上面三个问题也是比较关心的，在2016年美国科学院发布的那份长达600多页的报告中，我用生态、生物多样性还有草甘膦作为关键词检索了一番，检索的结果非常非常多，我摘录出下面一些内容供大家参考：

第 2 页

人们一直在争论草甘膦对人体的潜在致癌性。草甘膦的评估和委员会的报告相关，因为它是 HR（抗除草剂）作物上最常被使用的除草剂。已经有证据显示，使用草甘膦处理的 HR 大豆中的草甘膦的残留量高于非转基因大豆。有一项研究给出的结论是：草甘膦会导致大鼠患上肿瘤。委员会认为这份研究的结论不是确定性的，并且它使用了不正确的统计分析。最详细的流行病学研究测试了癌症和包括草甘膦在内的农业化学品之间的联系，结论是：没有发现成人及儿童的总癌症或其他特定癌症的发病率和暴露在草甘膦之间存在因果联系。

第 37 页

委员会进行了一系列研究，这些研究是转基因种植系统中有关害虫和杂草数量以及多样性变化的，也和每种作物种类的类型多样性和遗传多样性有关。根据现有数据，委员会发现与种植非转基因作物（使用人工杀虫剂）相比，种植转基因作物往往会导致农田的害虫多样性增加。但至少在美国，无论一个农场是种植抗除草剂的转基因玉米，还是用草甘膦农药喷洒了大豆，又或者是种植非转基因作物，它们在杂草的多样性方面都是相似的，虽然某些特定杂草种类的数量有差异。

第 212 页

然而，在没有遵循耐受管理战略的地区，一些目标昆虫出现了危险的耐受水平。与不喷洒抗除草剂的作物相比，喷洒了草甘膦除草剂的作物的产量相对会高一些。调研发现，种植抗除草剂作物的农场的植物多样性并不会比种植非转基因作物的少。一些地区种植了抗除草剂作物，导致它们严重依赖草甘膦，一些杂草进化出了抗体，这是一个重大的农业问题。种植转基因作物将需要综合的虫害管理战略。

最后，我想用美国科学院 2016 年 5 月 17 日为这份目前为止最有分量的转基因报告撰写的发刊词作为结束：

2016 年 5 月，美国国家科学院发表了这份《转基因作物：经验与展望》的报告。这份报告早在 2014 年就动笔了。当时，美国国家科学院、国家工程院和国家医学院召集了 50 多位科学家、研究人员、农业和工业专家，组成报告编写委员会。编写过程中参考了 900 多项相关研究，使用了自转基因作物首次发明以来至今 20 年间积累的数据。

报告的目的是针对转基因作物及其制成的食物的安全性以及引发的环境和社会效应做一次客观的综述。报告的主要关注点和结论是：

一、转基因食品对人类的影响如何？ 结论是：与食用同类的非转基因食品相比，安全性是一样的，不会造成额外的风险。现有的流行病学数据并未显示任何疾病与消费转基因食品相关。

二、转基因食品对环境的影响如何？ 结论是：使用抗虫或抗除草剂的作物并没有降低农场植物和昆虫的总体多样性，有时抗虫作物会导致昆虫多样性增加。虽然基因已经开始流动，也就是从转基因作物身上传到了野生的物种，但没有任何实例能证明这种转移对环境有着不利的影响。总体而言，委员会尚未发现转基因作物与环境问题之间存在着明确的因果关系。但是，评估长期的环境变化是一件很困难的事，很难得出一个明确的结论。

三、转基因食品对农业的影响如何？ 结论是：现有证据表明，种植转基因大豆、棉花和玉米有着良好的经济效益，但结果会受到害虫数量、耕作方法和农业基础设施的影响。虽然早期小规模种植转基因作物给小农带来了经济收益，但收益要持久，惠及的人要多，还需要获得机构的支持，比如拿到贷款和控制成本。

我想申明一点，吃不吃转基因食品完全是你个人的事情，我尊重你的选择，我只负责给你提供真实的信息。有些人可能会质疑我为什么只提供对转基因食品好的一面的信息，而不提供负面信息。不是我不想，而是在转基因食品是否安全这个问题上我已经把我能找到的经过核实过的所有负面信息都提供了，负面信息绝大多数都是谣言，经不起核实。而其他一些负面信息，例如俄罗斯禁止转基因食品，这些新闻如果你愿意仔细了解详细的情况，你会发现它们与转基因食品是否安全基本上是无关的，都是政治和经济方面的原因。任何一篇文章都有它聚焦的点，而我聚焦的是转基因与健康方面的问题。其他问题以后有机会再谈。

凉茶添加化学药只是冰山一角

2020 年 6 月 29 日，广州市公安局在官网上发布了一则工作动态，一下子引起了媒体的广泛报道和热议：

为提高独家凉茶"疗效"，吸引回头客，增加营业利润，一些凉茶经营者非法在凉茶里添加西药。广州番禺警方查处了一批非法凉茶店铺，抓获涉案人员 15 名。在查获的凉茶样品中，不同程度地含有西药"对乙酰氨基酚""氯苯那敏""布洛芬""马来酸氯苯那敏""甲硝唑"等成分，不符合国家食品安全法规定。

这则新闻成功勾起了我写一篇文章的冲动。假如你不了解内幕也就罢了，若认真做一番调研，绝对会吓你一大跳。这条新闻仅仅是一个灰色产业的冰山一角，假如把水面下那个巨大的暗黑部分翻出来，会令人恐惧万分。

先从凉茶说起。为什么这些商家要往凉茶中添加化学药物？广东凉茶不是一种普通的茶饮料，它被列入国家级非物质文化遗产，传统的凉茶不仅是茶，它还添加了很多中草药成分。按照国家非遗网站上的介绍，凉茶被认为具有"清热解毒、生津止渴、去火除湿等功效"。正因为凉茶在人们心目中是具有一定医疗保健功效的产品，所以喝了凉茶以后，是否会让人感觉"有效"就成了凉茶铺的核心竞争力。

在广东警方公告中提到的马来酸氯苯那敏、氯苯那敏是抗过敏药，临床上一般用于缓解打喷嚏、流鼻涕等鼻炎或者感冒症状。传统医学中的"热伤风"也包括这些症状，喝了含这些药的凉茶，可能会感到有清热降火的效果。对乙酰氨基酚、布洛芬则是常见的止疼药，治疗头痛、肌肉

痛、关节痛、神经痛、痛经等。按传统的清热降火的说法，这些症状也可以归为"上火"。甲硝唑治疗细菌感染引起的牙龈肿痛效果很好，这也是很多人最常念叨的上火症状。

总而言之，正因为民间流传"怕上火，喝凉茶"，才有了商家为了加强凉茶败火的功效，不惜铤而走险，添加各种化学药物的行为。

上述化学药基本是药房中常见的正规西药，也都是非处方药，谈不上是毒药。那为什么在凉茶中添加这些常见的有治疗功能的、国家允许的化学药会涉嫌构成刑事犯罪呢？

广州市越秀区人民法院 2017 年的一份判决书对这个问题做出了解释：

按照《中华人民共和国食品安全法》中对食品的定义，凉茶属于食品中供人饮用的成品。《中华人民共和国食品安全法》第三十八条规定：生产经营的食品中不得添加药品，但是可以添加按照传统既是食品又是中药材的物质。被告人在凉茶中添加非处方类西药虽然是国家允许使用的药品，但按照法律规定是属于明令禁止在食品生产经营中添加、使用的物质。因此，被告人的行为构成"生产、销售有毒、有害食品罪"。

像这样在凉茶中添加化学药物的案件每年都有，类似的判决在中国裁判文书网上能搜索出很多，可以说是屡禁不止。

但你可能不知道：**这只是在食品、保健品、药品中非法添加化学药物的冰山一角，水面下还有一个巨大无比的灰色产业链。**我列举几个远比凉茶行业严重的重灾区，提醒您和您周围的亲朋好友切莫上当受害。

重灾区一：减肥茶、减肥药等各种花式减肥产品。

1997 年，美国的雅培制药公司发明了一种叫"西布曲明"的新药。这是一种作用于中枢神经系统的食欲抑制剂，通俗地说就是口服减肥药。它可以降低人的食欲，从而达到减肥的目的。但上市以后，研究者发现了在临床试验中没有发现的严重副作用，部分人在服用西布曲明后可能出现高血压及脉搏跳动加快现象，他们患心脏病的风险也会增加，还有更少一部分人会出现心律不齐、皮肤感觉异常、情绪化（如过度兴奋、迷失、伤心、激动），极少数人甚至会出现自杀念头。这些严重的副作用往往只有在大规模的人群中使用时才会被发现。

2010 年，包括我国在内的全世界主要国家都宣布废止该药品的许可证，已上市的必须召回。可是，西布曲明却为无良商家打开了一扇非法牟取暴利的大门。

据新华网 2018 年 6 月报道：

朱女士购买了一款网红减肥药，名为"左旋肉碱咖啡王"。在网上，"喝着咖啡就能减肥"是这款假药的销售噱头。打着"懒人减肥"的旗号，该药很快走红。但是当地食品药品监督管理部门的检测结果显示，这一减肥药中非法添加了西布曲明等违禁成分。淮安警方于是捣毁了这条假减肥药生产、销售的地下产业链，现场查获假减肥药约 8 吨，另外还查证约有10 吨已售出。

新华网的这篇报道仅仅是我随手搜出的一个例子。在利益驱动下，减肥药这块"大蛋糕"、这个灰色产业到底有多大？在中国裁判文书网，用"掺入有毒、有害的非食品原料"加"西布曲明"作为关键词进行检索，2018—2020 年夏，仅刑事案件就有 155 起。

西布曲明只是众多利用禁药生产非法减肥产品的一个例子，与西布曲明类似的，还有酚酞、麻黄碱、咖啡因、呋塞米、芬氟拉明以及各种利尿剂，都被包装成了各种高大上的减肥产品。

虽然市场上确实存在一些国家药监局批准的减肥药，但我强烈建议大家对任何口服减肥产品都保持充分的警惕。因为：一、你很难判断它有没有偷偷添加禁药；二、即便是合法药，也存在今后被召回的风险，这在减肥药领域概率较大。国际上公认的最健康有效的减肥方式只有六个字：管住嘴、迈开腿。

重灾区二：降糖类产品。

与减肥药类似，糖尿病病人服用的降糖类产品也是非法添加禁药的重灾区。在中国裁判文书网上，2018—2020年夏非法添加格列本脲的刑事案件有31起，非法添加苯乙双胍的刑事案件有33起，类似的降糖化学药物还包括罗格列酮、格列酮等。商家将它们非法添加到了五花八门的产品中，却打着"纯天然、无副作用"的旗号大肆敛财。轻易就可以在网上搜索到很多已经被查处的黑心产品，如怡心唐宝降糖宁胶囊、唐必康降糖宁胶囊、苦瓜口含片、唐乐舒胶囊、一生唐乐舒胶囊、苦乐康胶囊、同春堂苦瓜含片、绿因唐平口含片、糖乐胶囊、降糖三宝胶囊、消渴六味胶囊、消降八仙胶囊等，多到不胜枚举，且层出不穷，防不胜防。

特别说明，也有一些含化学药成分的降糖中成药是经药监局批准的合法药，如处方药"白云山消渴丸"含有化学药格列本脲，真正起降糖作用的就是这个化学药，因此还需严格遵医嘱服用。如果您刚好在服用这款药，我个人建议可以直接改服格列本脲，降糖效果和副作用完全一样，但您可节省大量药费，这仅是我综合了科学声音专家团成员的观点给出的个人建议，仅供参考。

重灾区三：中成药。

2010年4月，北京科技报刊登了《中成药违规添加西药成分，药监部门提醒防中毒》一文。下面我直接引用了这篇文章的内容，并非我个人的观点，但我支持该文，因为它写得很好：

国家卫生部全国合理用药监测网专家孙忠实在接受报社记者采访时说：对于非法添加西药成分的中成药，虽然国家有关部门已经明令是"假药"，但这种问题仍然相当普遍。其中壮阳、降血糖、降血脂、抗癫痫、降血压是中成药违规添加西药成分的"重灾区"。

中药在这五类疾病治疗过程中只能起到辅助作用，可以毫不夸张地说，如果没有违规添加的西药成分，这类中成药根本没有任何作用。这些非法添加西药成分的中成药可以短时间内降低各项指标，但真正起作用的是西药成分，在用量不明的情况下对人体存在潜在的危害。

这么做的原因是，"中药治本，西药治标""中药没有副作用，西药副作用大"等观念在国人心目中已经根深蒂固，因此，相比西药，一些人更愿意使用中药，特别是一些慢性病患者。

一些不法药品生产厂家恰恰利用了国人的这种心理，大肆宣传所谓的"纯中药"制剂。其实，光靠单纯的几味中药，无法让患者在服用后产生"立竿见影"的效果，也无法获得患者的信任而继续购买。于是，一些不法厂商和个人就利用中成药化学成分复杂，检验标准及方法相对滞后，掺入西药成分具有隐蔽性、不易被发现的特点，将一些疗效明确的西药成分，私自添加在降糖、降压、平喘、减肥等中成药或保健食品中，炮制出所谓无毒无害"绿色纯天然"且疗效确切的"纯中药"制剂。

除我上面详述的这三个重灾区，化妆品领域也是重灾区，甚至日用品也存在风险。比如市场上的很多中草药止血牙膏，真正起作用的成分是化学药氨甲环酸，用这种牙膏止血就是典型的治标不治本，反而会掩盖和耽误牙周疾病的诊疗，这种止血牙膏任何一个负责任的口腔科医生都不会推荐。但是，它们却在超市的货架上卖得很好，我只希望看完此文的您不要去买。

写了那么多糟心事，最后还是要讲点令人欣慰的。这几年国家在不断加大打击中成药中非法添加化学药的行为力度。根据业内人士介绍，现在国家药监局已经很少批准含有西药成分的中成药了，并且每年还会撤除200~300个中成药的生产批号，均是因为非法添加西药成分。市场上挂羊头卖狗肉的中成药已经越来越少了，只是在清零前，我们始终不能放松对中成药的警惕。

第 二 章

身体的正确 "维修" 知识

蓝光是否会对眼睛造成伤害

有人问，现在的电视机光源都是 LED，听说蓝光对人的眼睛有害，这是真的吗？如果真是这样，买一个防蓝光的贴膜有没有用？

先用一句话回答这个问题，根据我的调研，目前有初步证据表明：**视网膜感光细胞如果过度暴露在蓝光中，有可能会触发眼睛的黄斑变性，最终导致失明。**但目前市面上卖的各类防蓝光产品，能够起到的心理作用大于实际作用，如果你要买我不反对，但也不鼓励人去买。

我们先来说一下什么是蓝光。大家知道光的颜色是由频率或者波长决定的，一般我们把波长在 400～500 纳米范围内的光称为蓝光，是属于光谱中能量较大的可见光。

关于蓝光有什么危害，需不需要防护，如果你在网上搜索，信息是极为繁杂的，各种说法不一。大多数搜索结果是建议购买防护产品，包括一些眼科专家的建议，但是细细分析这些信源和专家的背景，都免不了和商业利益挂钩。这使得我对这些建议持有一定怀疑。在我检索到的材料中，有一篇美国眼科学会官网 2017 年 8 月 24 日发表的文章，我觉得是最具参考价值的。我让小编全文翻译了这篇文章：

当你盯着屏幕一看就是几个小时的时候，不管这个屏幕是计算机还是电视、手机或平板，你都暴露在了来自这台设备的蓝光里。但没有科学证据表明数码设备发出的蓝光会对眼睛造成伤害。

一些人看完屏幕后会有不适感，这最有可能是数字视疲劳。美国眼科学会的发言人库拉那博士表示，我们中的大部分人看屏幕时，眨眼的次数会减少，这会引发眼睛疲劳和眼睛干涩。

蓝光确实会影响人体的昼夜节律、自然醒和睡眠周期。白天，蓝光唤醒我们，刺激着我们。但深夜暴露在太多来自手机、平板或计算机的蓝光里，会让你难以入眠。

这就是库拉那博士建议你睡前两到三个小时限制自己使用屏幕的原因。许多设备都有夜间设置，可以使夜晚的蓝光曝光最小。

尽管人们经常把蓝光和计算机、手机联系在一起，但最大的蓝光光源其实是太阳光。其他来源包括荧光灯、节能灯泡和 LED 灯。我们接触到的来自屏幕的蓝光远远少于我们接触到的来自太阳光的蓝光。库拉那博士表示，来自屏幕的蓝光也不会比来自太阳光的蓝光更具有破坏性。

过多暴露在太阳紫外线中会增加患上眼部疾病的风险，比如患上白内障、眼睛发育受阻，甚至是癌症。我们对蓝光知之甚少，它所带来的影响正在被进一步研究。

库拉那博士表示，最重要的一点就是，如果没有证据表明其他来源的蓝光会更有害，就不应该采取一些针对蓝光的预防性措施；采取针对蓝光的预防性措施还为时过早，可能会产生其他预料不到的后果。

没事看看窗外可以保护眼睛

有一些研究表明，儿童接触的阳光不足可能会影响他们视力的发育。最近的一项研究表明，接触阳光少，也会增加青少年和年轻人近视的风险。

最好的保护你的眼睛远离各种设备的蓝光产生的视疲劳的方法就是：20-20-20 法则。每 20 分钟，移动眼睛至少看 20 英尺（6 米）外的物体 20 秒。在眼睛感到干燥时，你也可以使用人工泪液来润养眼睛。库拉那博士建议，不要选用宣称能保护眼睛抵御蓝光的眼镜，因为缺乏证据表明这类眼镜是有效的。美国眼科学会不推荐任何用于计算机使用的特殊眼镜。

以上是 2017 年 8 月 24 日美国眼科学会对这个问题的回答，应该说这是全世界最权威的眼科健康机构之一了，它不推荐任何用于计算机使用的特殊眼镜，这条建议根据上下文的意思，也同样适用于其他贴膜之类的防护产品。不过你也要注意到，它文中说的"没有科学证据表明数码设备发出的蓝光会对眼睛造成伤害"，这个论断是在 2017 年做出的，而在 2018 年 7 月，《自然》杂志下属的开源期刊《科学报告》（Scientific Reports）公布了美国托莱多大学的一项光学化学研究成果。该项研究指出：来自太阳和数码设备的蓝光会将眼睛视网膜中的重要分子转化成细胞杀手，这个过程会导致与年龄相关的黄斑变性，而黄斑变性在美国是致盲的首要因素。

据研究人员介绍：黄斑变性没有办法治愈，一般从五六十岁开始发病，疾病导致视网膜感光细胞死亡。健康人的视网膜分子会感知这些感光细胞并触发一系列的信号传递到大脑，但过度暴露在蓝光中可能会导致感光细胞中产生有毒的化学分子，从而诱发黄斑变性。

不过我也必须告诉大家，这篇论文的总结词是讨论，也就是说，蓝光与黄斑变性之间的因果关系并没有十足的把握，而到底怎样才算过度，也缺乏明确的定义。人每天接收到的太阳光中的蓝光肯定要远多于数码产品的蓝光，那是不是为了避开蓝光，还要每天少出门了呢？但这样又有可能导致其他副作用。总之，我读完这篇论文后的感受是：缺乏定量的研究。它也没有给出建议该怎样对待阳光和数码产品。

在医学上，要确认一项疾病与某件事情的因果关系往往是非常困难的，需要经过大量的重复性研究才能最后确认。所以，一般来说，只有同样结论的研究论文大量出现后，才会被权威机构写入白皮书或者健康指南类的手册中。目前，蓝光与黄斑变性之间的因果关系并没有达到足够明确的程度。

另外一个可能的危害是，晚上接触蓝光可能导致褪黑激素分泌减少，影响睡眠，所以，哈佛大学医学院给出的建议是：睡觉前 2~3 小时不要看明亮的屏幕。由于 LED 灯相比其他光源可能会释放出更多的蓝光，哈佛大学医学院的另一条建议就是使用昏暗的、普通的红色光源。

关于蓝光的问题，其实没法给出一个斩钉截铁的明确回答，各种资料都略有出入。我跟大家说说我个人的感受，以前我每天晚上睡觉之前都会看书，但是因为看书要开床头灯，影响家人休息，所以现在就改为看手机，把屏幕亮度调到最暗。这个习惯已经维持了快两年了，但是我丝毫没有觉得影响睡眠，我总是看着看着就困了，然后改为听，直到睡着。我的睡眠质量也一直很好，每天睡足 7 个小时，基本上从来不觉得缺觉。可见，每个人的情况不一样，各种建议也都是因人而异的。但我相信也一定有睡前看手机会极大影响睡眠质量的人，所以还是要根据自己的情况来把握。

希望你看完我的这篇文章，能收获到一个科学思维——对于一切带有商业目的的宣传要保持适度的怀疑和谨慎，在健康领域就更要多保持一份怀疑。2018 年，癌症免疫疗法获得了诺贝尔奖，我想，一定会有一大拨打着免疫疗法旗号的商业产品冒出来，其中肯定有很多是不靠谱或者过度宣传的。真心希望我的读者不要盲从。还有就是检索资料的时候一定要注意资料的发布时间，因为在健康领域，每年都会有大量新的研究论文发表，必须保持与时俱进，这也是为什么我有时候宁愿自己查资料，也不愿意相信某个老专家的说法，因为老专家很可能知识陈旧了。在医学领域，一定是新的认知优于陈旧认知的。

飞秒激光矫正视力可靠吗？讲一下我的亲身经历

用手术治疗近视的历史已经非常非常久远了，远到我都懒得去查具体的年份了，据说可以追溯到 1970 年。但手术矫正视力真正流行起来是在 1990 年，一位意大利医生和希腊医生共同研发出了一种现在被称为 LASIK 的手术方案，效果很好，副作用很小，所以很快就流行起来了。最早的时候，医生用的手术刀是金属刀片，激光技术出现后，自然就有人开始研究用激光来代替金属手术刀，技术发展到了今天，已经不再用金属刀片了，都用激光了。LASIK 的中文全称是：准分子激光原位角膜磨镶术。

除了 LASIK 这种最老的手术方案，后来又出现了半飞秒激光术和全飞秒激光术这两种手术方案。现在你到医院说自己想做激光矫正视力的手术，那么医生给你提供的就是这三种方案，LASIK 最便宜，半飞秒贵一点，全飞秒最贵。

读到这里，有些人可能想，我不差钱，我肯定要选最贵的，一分价钱一分货嘛！有些人可能想，我钱袋子紧，还是选便宜点的。注意，敲黑板的重点来了，选什么方案并不完全由你自己选择，有时候你只能接受其中的某一个方案。医生会根据你的角膜厚度、曲率、眼表、眼底等综合情况，告诉你能选什么方案。有时候有的选，有时候没的选。比如，我手术前近视大约 300 度，散光大约 150 度，检查完了以后，医生告诉我只有半飞秒这一个方案（这里有点记不清了，或许是 LASIK 也可以，反正我选了半飞秒）。但有些人检查完了每个方案都可以做，这时候你才有自主选择的机会。总体来说，在有选择和不缺钱的情况下，那你就选最贵的吧，贵是有贵的道理的。

有些选择困难症或者特别理性的人，可能需要了解了这三种方案具体差别在什么地方之后再做选择。说实话，对于普通人来说，我真心觉得了解手术细节并不能减轻你的选择困难程度。但作为满足好奇心来说，还是值得了解一下。那我就以我所了解的情况简单说一下，未必十分准确。

你先把你的角膜想象成一坨有一层透明表皮的半球形果冻，这个透明表皮就是角膜瓣，而果冻的肉就是角膜基质。

第一种最便宜的 LASIK 手术就是先把表皮切开，这里的切开指的是切一个接近完整圆形的切口，但不是全部切下来，还留一丝粘连着，这样就可以把表皮掀开了。然后把表皮下面的那些果冻肉削掉一些，然后再把表皮给盖回去。人体有个本事，切开的角膜瓣会自己慢慢愈合。

第二种叫半飞秒激光术，过程和第一种差不多，最大的区别在于第一步把表皮切开这个技术更精确、更安全、更均匀。飞秒是一个时间单位，一飞秒等于千万亿分之一秒，飞秒激光指的是时域脉冲宽度在飞秒量级的激光。

第三种最贵的叫全飞秒激光术，这是 2012 年才出现的手术方式，它与前两种手术方案最大的区别在于不需要把表皮给掀开了。这种方案是让激光隔着表皮在果冻肉上作业，把一小块果冻肉分离出来。然后只要切一个 2~4 毫米的小切口，能让一把很小的镊子伸进去就行，接着用镊子把分离出来的那一小块果冻肉给夹出来就可以了。那个小小的切口很快就会自动

① 2~4mm

②

全飞秒激光术

愈合了。

好了，背景知识介绍完毕了，你可以看出，全飞秒手术显然是伤口最小的手术，自然安全性也就最高。下面就开始讲我的亲身经历。

首先是全面的眼科检查，比去医院查视力配眼镜要复杂得多，前后用了两个多小时。前期检查有一项比较难受，就是要给你散瞳，即用一种眼药水滴入你的眼睛。这种药水会使你的瞳孔张得很大，后果就是你会特别怕光，视力也会变得模糊。所以，去做检查最好有家人陪同，还要带上一副墨镜备用。我因为事先不知道，所以那天检查的时候没有家人陪同也没有戴墨镜。中午一个人回家就比较痛苦，因为走在马路上感觉眼睛都睁不开，太亮了。好在是坐地铁去的，如果那天开车去就麻烦了，肯定就要在医院一直等到视力恢复才能回去。我是上午大约9点散瞳的，一直要到下午五六点才觉得完全恢复视力。

眼科检查完毕后，就会有销售人员给你介绍手术方案以及各项费用。我的手术方案是半飞秒，然后我加了一个可选项，叫作角膜地形图，他们简称"精雕"。这个可选项要额外多花5000元，我咨询了别的医院的一位眼科医生，她说这个选项对夜间视力有提升，建议我选择，我便选了。术后矫正视力的预期是1.0。另外，医生特地在方案中给我的一只眼睛留了25度的近视，这样可以推迟我眼睛老花的时间，这也是很常规的做法。

最后我前前后后总共花了2万多元，你要说贵吧，我觉得这相比种牙来说不贵。我前年种了颗牙齿，前后花了2.5万元。手术方案确定后，我交了500元定金，然后买了一瓶眼药水回去。交定金的好处是可以电话预约手术时间。手术前需要滴三天的眼药水，如果我不交定金，那么就意味着我在手术前还要再跑一趟来交钱领眼药水，再过三天才可以手术。

手术的前一天晚上，我一点也不紧张，因为我对手术的风险是有所了解的，关于这个问题我留到后文专门来讲，先让我把经历谈完。第二天一早，我在老婆的陪同下去做手术。注意，手术这天最好要有家人陪同。

一早来到医院，还要再做一系列的眼科检查。然后是医生进行集体术前谈话，告知各种注意事项，解释手术风险。

签完手术知情书之后，就等着叫号了。

叫到号后穿上手术服，进入手术准备间，开始各种消毒工作，主要是对脸部和眼睛的消毒。有些人对冲洗眼球可能会感到不太舒服，我还好，基本上没觉得有多难受。还要对眼睛进行麻醉，这也是滴眼药水，但眼睛基本上不会有任何感觉。

这些准备工作做完，就坐着等候正式手术了。这个医院每天上午要做十多例手术，在等候的区域有跟我一样还没做的，也有刚从手术室做完出来的。刚下手术的人要等候观察二十多分钟才能离开，所以大家可以互相聊聊天，提前了解一下手术的过程和感觉，打消紧张的情绪。在我等候期间，发生了一件很有意思的事情。在我前面的一位高中生进入手术室后，比别人多了三四倍的时间还没出来，正当大家疑惑的时候，护士带着他出来了，一边送他出去一边笑着说："我在这个医院这么多年了，还第一次遇到你这种情况，算了吧，我们也尽力了。"护士回来后，我们就问怎么回事。

护士说：上了手术台，他紧张得眼睛死活睁不开，前面已经让他出去休息过一次，也反复开导过他了。医生说但凡他能有一点点配合，手术也能做下来，他现在这个样子，医生实在做不了。从来没见过这种情况，一个 18 岁的小伙子吓成这个样子。只能让家属带他回去了。

终于轮到我进手术室了。手术室里面是一架巨大的机器，有一个医生一个护士，态度都非常好。他们让我躺到手术台上，这张手术台就会自动移动到医生面前。接下来我讲一下手术的过程，我感觉是一次非常科幻的体验，因为我事先了解过手术的基本过程，所以我基本上能知道每一步都在做什么。

首先，医生会用一个器械把眼皮撑开固定，这可能是整个手术过程中最难受的一步，你可以自己试试用两只手用力把眼皮拉开到最大的那种感觉，但过一小会儿你就会适应了。我的眼睛上方是一个圆形的灯罩，我看到的是由无数个同心圆构成的光圈，同心圆的中心有一个光点，灯光很柔和。医生说："你盯住那个光点，记住它的位置，一会儿光点消失了也要盯住那个位置，激光照射需要 10 秒，直到我说可以了。"说明一下，这里我说的几秒可能记得并不准确，反正就是 10 秒左右的一个数量级，每个人的时间都不一样，但是医生会事先告诉你。我不敢大意，生怕自己的眼球乱动出事故，便努力盯住那个闪烁的光点。然后我看到眼前的灯光开始发生变化，光点消失了，有一些光束出现在我眼前。我知道这是在激光切割角膜瓣，就是把半球形果冻的表皮给切开。

所有的灯光消失后，我眼睁睁地看到医生用镊子从我的眼前掀起了一层透明的东西。我知道他把我的角膜瓣给掀开了。但我并不能感觉到他在给我做手术，那个感觉就好像你隔着玻璃在看上面的人动手术，似乎手术的对象是那块玻璃而不是你自己的眼球。当角膜瓣被掀开后，你眼前的一切就模糊了，好像眼睛被突然蒙上了一层雾。然后我眼前又出现了闪烁的光点，医生让我盯住光点，告诉我需要多少秒。然后眼前就出现了无数个点状和网状的光束交替变换着，我知道激光正在烧我的角膜基质，果然，我闻到了很明显的一股蛋白质烧焦的气味，跟烧头发的气味很像，一会儿就好了。然后我又好像"隔着玻璃板"看到医生把一层透明的东西盖回我的眼球，眼前的东西瞬间变得清晰多了，但这时候与正常视力还是有很大差距的，原因是你的瞳孔还没恢复正常。然后，医生又在我眼球上贴了一层类似隐形眼镜的角膜绷带镜，就好像给伤口绑上了绷带。医生的操作手法很娴熟，一边操作还一边跟你闲聊，护士也偶尔搭腔，总之这个过程让我感到还是很轻松和奇妙的。

另一只眼睛的手术过程一模一样，整个手术过程我感觉也就十来分钟。最后，护士在我的眼睛上贴了两个临时性的保护眼罩。如果你嫌这个眼罩太丑的话，也可以花钱购买贵一点的护目镜，在手术后的一两周内，要求戴着眼罩或者护目镜睡觉，因为怕有些人在睡眠中不自觉地揉眼睛，不利于伤口愈合。但我不嫌丑，也就没有花钱去额外买护目镜，我觉得有点浪费钱。在手术准备间又等候了大约 20 分钟，点了几次眼药水，护士就把我带出手术室，大功告成了。

领了一大堆的眼药水回去，一共有四种，每种两瓶，每一种的滴法都不一样。接下来的一个月，尤其是头一周，每天时不时地就需要滴点眼药水。重点和大家讲一下术后的视力恢复情况，因为医生说每个人的情况都不相同，所以我只代表我个人的情况。

术后第一天的视力不如以前戴眼镜的情况，远近都看不清，尤其是看近处很吃力，看远处还好一些，但会觉得特别亮。所以白天有太阳的话，要戴着墨镜，否则眼睛吃不消。到了晚上，所有的灯光都变得特别亮，而且灯边上都有一圈彩虹，这就是所谓的眩光现象。第一天要戴角膜绷带镜，因为我从来不戴隐形眼镜，所以感觉不太舒服，好在第二天就可以拿掉了。晚上要戴着护目镜睡觉也挺不方便，不过我就戴了三天，第四天我就不戴了。

视力从第二天开始逐渐恢复，远视力恢复得最快。三四天后，只要不是在太阳光下，看远处就觉得非常清晰了，但是近视力的恢复慢一点，看电脑或者手机屏幕上的字比较吃力，但一天天改善，一个月后近视力也就完全恢复正常了。但是，夜间的眩光现象改善得就很缓慢了，医生的说法是逐月改善，大约需要 6 个月才能完全消失。我在两个多月的时候，在夜间看灯光，还是能看到彩虹边。不过，与两个月前相比，灯光明显没有之前那么刺眼了，彩虹的范围也缩小了很多。我现在已经很习惯了，并没有觉得对晚上走路或者开车有什么影响。

术后第一周眼睛不能进水，所以洗脸和洗澡都比较麻烦。洗脸的话只能拿湿毛巾擦眼睛以外的区域。我忍了 3 天没洗澡，第 4 天实在忍不了，就找了一副游泳眼镜戴着淋浴。接下来的一个月我都是戴着游泳眼镜洗澡的，想想也挺滑稽的。

对于上班族来说，这个手术还有一个额外的时间成本。手术后一周之内是要尽量少用眼睛的，所以肯定会影响工作。手术第二天还要去医院取掉绷带镜，第 7 天、第 30 天都要去医院复查，这样算下来，手术后一个月需要跑 4~5 趟医院。

这就是我的亲身经历，至于要不要去做，你自己决定，这篇文章没有任何广告性质，纯粹是为了科普。我个人觉得这笔 2 万多元的金钱投资是很值得的。但每个人对眼镜的厌恶程度不一样，我是比较厌恶戴眼镜，尤其是每次在电影院看 3D 电影，就特别羡慕别人只需要戴一副眼镜，而我要眼镜上面再戴一副，难受得要命。另外，虽然从理论上来说，手术后的矫正视力和佩戴眼镜的矫正视力都是 1.0，但实际体验上，现在还是要比佩戴眼镜清晰得多。原因很简单，眼镜在大多数情况下都会有灰尘或者雾气，而我现在就好像每天都戴着一副永远洗得干干净净的眼镜，实际感受到的清晰度是明显提升了的。

现在两个多月过去了，我有些习惯动作还是没改，比如洗脸前我经常还是会下意识地去摘眼镜，结果摘了个空。

最后讲一下大家可能都很关心的问题，这个手术的风险到底有多大？其实我刚才的叙述已经可以回答我对这个问题的总体观点，如果风险大我自己怎么会去做呢？前几年网上流传过一篇文章，说什么激光治疗近视手术是医疗界的一个惊天骗局，尽管像果壳这样的科普媒体都辟谣过，但依然产生了不小的影响。实际上，这个手术早在 1999 年就获得了美国 FDA 的批准，到现在已经有 20 年了，累计有 2000 多万美国人进行了这项手术。

首先，我们要搞清楚，什么叫作风险？这个词本身有一些模糊，必须要分开来说。

最大的风险莫过于致盲。从理论上来说，存在一种叫圆锥角膜的致盲风险，就是说我们正常的角膜瓣应该是半球形的，但是激光手术后，由于角膜基质被切削得过多，而这些角膜基质不易再生，因此角膜瓣的形状收缩成了一个圆锥形，那么患者就基本上无法看清东西了，而且戴眼镜都没用，唯一的治疗方法就只能是做角膜移植。从这个原理上可知，这个严重后果的根本原因是角膜基质被切削得太多了，所以术前检查角膜基质的厚度是非常重要的。一般来说近视度数越深的人，角膜基质越少，如果少于一个安全阈值，那么医生就不会建议你做这项手术了；如果有一个人的角膜基质厚度刚好略低于安全阈值，他抱着侥幸心理强行做这个手术，那么就有可能致盲了。这是理论上的风险，有没有这样真实的案例呢？我相信一定会有，但说实话，我在中英文网站上检索了一番，还真没找到一个信源可靠的致盲案例，注意，我说的是信源可靠。我想，如果检查下来，你的眼睛不适合做手术，那么国内的医院应该不会冒着巨大的风险给你做，因为这项手术的目的在我看来并不是治病，而是像美容一样的一种商业服务，但凡出一起这样的事故，医院都是承受不起的，很多开展这项手术的都是民营医院，它们首先考虑的还是商业利益问题。

另一个风险是术后感染产生并发症。任何外科手术都有伤口感染的风险，也就是我们常说的伤口发炎。这个风险倒是有权威的数据可以查询到，根据美国屈光手术委员会网站上提供的数据，根据1900万例手术的统计数据，并发症的发生率不到1%。作为对比，软性隐形眼镜使用一年后，导致微生物性角膜炎的病例是进行LASIK手术的3倍。所以，如果你不担心佩戴隐形眼镜导致的并发症，那么就没必要担心激光手术的并发症。而且，产生并发症的原因往往是自己不严格遵医嘱滴眼药水，或者出于种种原因，眼睛在术后恢复期进水了，或者是受到了物理性的冲击，这些风险是你自己可控的。另外，并发症经过治疗，是可以治愈的，不会致盲。但不管怎么讲，这个风险是存在的。

还有一个风险是手术达不到满意的效果，视力没有恢复到预期水平。这个风险相对来说就高很多了，也有一个数据，同样是来自美国屈光手术委员会网站。患者的总满意度是96%，也就是还有4%的患者是不满意的，不满意的原因当然可能是五花八门的，不一定是视力没达到预期。另外有一项研究评估了58653例手术，只有0.61%的病人没有达到视力表的两条最佳矫正视力线。有些人可能会说，这是美国的数据，不能代表国内也是这个满意度，这一点我是承认的，但问题是我没找到信源可靠的国内数据，所以我只能拿美国的数据来说事了，仅供参考吧。我在知乎上看到有个人在2014年发的一个帖子，抱怨说自己一两周前接受了LASIK手术，结果现在感觉眩光严重，呼吁大家不要上当，这个手术是骗局。我想，这个帖子至少能证明该手术的满意度不是100%，不过这个人也太性急了一点，可能是医生没有认真告知眩光的消失最长可能需要6个月。

最后一个风险是术后近视复发，这个风险就大多了。我在接受术前谈话的时候，被明确告知，像我这样的情况，也就是散光的度数比较高，有三分之一的可能性，需要在术后一年内做二次增效手术，不过增效手术是免费的。

好了，关于手术的风险问题我就简单谈到这里，因为我在手术前对这些情况基本上都已经了解，我觉得这些风险和付出的金钱是我可以承受的，所以我就果断去做了这个手术，仅供大家参考。至于你自己要不要去做，那是你自己评估的事情，不要让我来给你答案哦。我只提供情报，决策你自己做。

作者注：截止到本书定稿时，已是术后 24 个月，目前感觉一切良好，所有的副作用基本都已消失。

益生菌真能治疗便秘吗

在生活中，我们经常会看到各种益生菌的广告。在我的印象中，各种主打可以疏通肠胃的酸奶、饮料、口服液，甚至婴儿配方奶粉等，都会宣称含有什么益生菌。不光是在中国，全世界益生菌的销量都很好。根据商业咨询公司盛大远景（Grand View）的估计，2015 年全球益生菌的消费额超过 350 亿美元，到 2024 年，这一数字预计将超过 660 亿美元。益生菌的畅销我想最主要的原因之一可能就是人们对便秘的重视度越来越高。

关于益生菌是否真的对便秘有效的问题，早在 2017 年 7 月，《科学美国人》杂志就刊登了一篇文章[1]，名为《益生菌真的有效吗？》。作者菲力斯·雅布拉提出，如果仔细研究基于微生物的各种治疗，结论很可能是：大多数益生菌广告中宣传的疗效都是纯粹的炒作。华盛顿大学胃肠病学家马修·乔尔巴（Matthew Ciorba）认为，没有证据表明胃肠道正常的人可以从服用益生菌中受益，如果你没有遇到任何困扰，我不会推荐它们。

在这篇文章的最后，作者说，根据现有的科学研究，益生菌被认为对阻止抗生素的一些副作用是有效的。但是，最新的研究把这项好处也推翻了。

2018 年 9 月 6 日，顶级科学期刊《细胞》杂志以封面文章的形式，同时发表了来自以色列魏茨曼科学研究所同一个团队的两篇论文，都是

---

[1] https://www.scientificamerican.com/article/do-probiotics-really-work/.

关于益生菌的。这两篇文章很快在国内的医疗健康领域自媒体中引发了热议。

这两篇论文一篇是研究常用的益生菌补充剂到底能有多少留在人体肠道中，另一篇是研究人在服用抗生素后，益生菌对于肠道菌群重建是否有帮助。简单来说，结论有两点：第一，益生菌很难在肠道系统内存活，而且人与人之间的差异很大；第二，如果你在抗生素治疗后使用了益生菌，还会阻碍肠道内微生物的恢复，这和"益生菌"的初衷背道而驰。

论文的高级作者、免疫学家伊兰·以利亚认为，虽然很多人对益生菌和它的周边产品抱有好感，但其实围绕益生菌的各种文献资料都是有很大争议的。他们的实验就是想搞清楚益生菌究竟会对人产生怎样的影响。研究人员发现，有些志愿者的身体会对益生菌产生排斥反应，益生菌无法真正停留在胃肠道。以利亚说，这至少表明，益生菌并不是对每个人都有效。不过，他认为如果根据每个人的需求定制益生菌，或许会有效果。

其实过去就有很多研究益生菌的实验。这些实验都通过病人的排泄物来测定他们胃肠道中微生物的活动情况。而这次新发表的论文与以往最大的不同就在于，研究人员找到了一种直接测量微生物在胃肠道存活情况的方法。

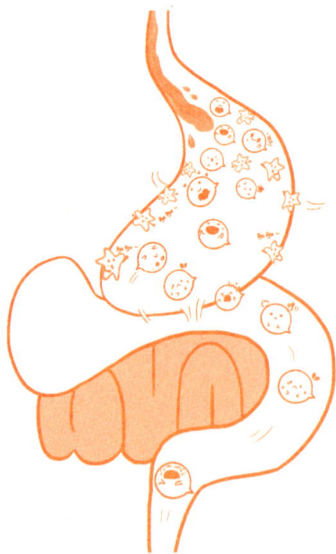

第一篇论文的相关研究中，25位志愿者接受了上消化道内镜和肠镜的检查，这样就可以准确获得他们肠道区域微生物的具体信息。然后25人中抽出了15人，分成两组进行实验。第一组服用益生菌，第二组服用安慰剂。接着对这两组病人随访两个月，再次进行内镜检查。

研究人员据此发现，益生菌可以在一些人的胃肠道中安营扎寨，但有些人的胃肠道会不留情面地把它们赶走。那么我怎么知道自己的身体是接受益生菌，还是要赶走益生菌呢？只要你肯做两个非常痛苦的内镜检查，得到微生物组的信息，专业人士就可以根据检查结果做出准确的预测了，可能还需要得到有关肠道基因表达谱的信息。

研究人员还表示，我们排便这个行为以及拉出来的便便并不全是由微生物决定的，如果像过去的研究那样，通过便便倒推出微生物的各种情况，那么研究结果可能就是误导性的了。

一位研究人员说，虽然服用了益生菌的志愿者排出的便便里都有益生菌，但真正重要的是你的胃肠道里是否还能留下一些益生菌，这才是它们该待的地方。如果实验结论是正确的，有的人排斥，有的人吸收，那么所有人都盲目地以为补充了益生菌就对胃肠道有益，这个观念就是错误的。研究中还提到了肠道微生物组的概念，强调要根据个体的不同情况，在临床上给出不同的解决方案。

这就是第一篇论文的大体情况和结论。

第二篇论文是关于抗生素与益生菌的。使用抗生素后，会有一些人出现腹泻的情况，这时就有很多人认为，补充益生菌能协助抗生素治疗后的胃肠道菌群重建。于是第二项研究让 21 名志愿者分成了三组，先接受抗生素的治疗，然后第一组 7 人等待肠道自我修复，第二组 6 人进行自体粪便细菌移植，第三组 8 人服用了第一项研究中使用的益生菌补充剂。静待 4 周看结果。

结果让人颇感意外。接受自体粪菌移植的志愿者几乎只用了一天的时间，肠道菌群就和原来的相差无几了；自然恢复组达到这个水平用了三周的时间；而服用了益生菌的志愿者，直到 28 天的等候期过去，肠道菌群还是没有恢复，甚至有人在 5 个月以后，还处在菌群失调的状态。这就是所谓的"帮倒忙"吧。

好了，两篇论文介绍完了，不知道你们是什么感受。我的感受是，用更平常的心态去对待各种益生菌的宣传广告。基于目前的最佳证据来看，益生菌要能够起到改善便秘的作用，需要的条件是很苛刻的，大多数人恐怕并不能通过服用益生菌来改善便秘，而对于那些由于服用抗生素后导致各种胃肠道功能紊乱的患者来说，服用益生菌反而有害。

因此，如果你是一个肠胃非常健康的人，根本没有必要为了所谓的调理或者"补"，去买益生菌类的保健品。但如果你目前确实正在遭受胃肠道功能紊乱的困扰，而又不是因为服用抗生素后导致的暂时副作用，适当地吃一些益生菌类产品试试也未尝不可，毕竟也还是有一定的概率能够起到作用。

最后，我想说一下我自己是怎么来决定何时"宁可信其有"，何时"宁可信其无"的。总原则还是看风险和收益之间的比例关系。如果是药品，那么我采取的策略肯定是"宁信其无不信其有"，就是在既没有证据证明有效，也没有证据证明无效的情况下，我就认为是无效的。因为药品的风险系数很大，不值得去做人体小白鼠。严格来说，药品必须自证有效，别人没有义务也不需要去证明无效。

而对于某种食品或者膳食补充剂，在我感觉身体一切健康的时候，我不会去相信任何未经证实的保健功效，也不会去缴智商税，主动去购买治未病的产品。

但如果我确实遭受一些小毛病的困扰，比如口腔溃疡。那么，对于食品和膳食补充剂，注意，前提是作为食品和膳食补充剂上市的产品，我采取的策略就是"宁信其有不信其无"了，虽然没有证据证明有效，但也没有证据证明有害，而花费也不是太高，那么我尝试一下也无妨。

但我要提醒大家一点，有很多民间的偏方，其实已经有证据证明是有害无益的，只是你可能并不知道，这时候你再学我"宁信其有"的策略就属于盲从了，我可是要在确认了没有证据表明有害的情况下才会去试的。

举个例子，前段时间有人建议我可以试试大剂量服用维生素 B_2，也就是比说明书上推荐的剂量多五六倍，这时候我会先查找各种资料，确认没有证据表明大剂量服用维生素 B_2 会对肾功能正常的人造成伤害时，我才会去尝试。这时候，判断有没有证据的标准一定是正经的书面资料。总之，证据可靠不可靠不是凭很多人说，也不是凭多年的经验就够的，经验再多，不经过科学研究，也不足以成为证据。

应对牙龈出血的正确方法是什么

曾有一个跟止血牙膏和牙龈出血有关的新闻很火。每次这种新闻出来，就是科普人忙碌的时候。有些日常生活中本该是人人都具备的健康常识，但往往不出来一点新闻事件，大家都不会关注。这个新闻简单来说就是，有一位三甲医院血液科的医生去超市买了一支"某白药"牙膏，在牙膏的成分表中竟然惊讶地看到了氨甲环酸。她在微博中写道："我以为自己看错了，这是牙膏啊，这是日用品，这里边怎么能有氨甲环酸呢？这是血液科医生常用的止血药啊，还是处方药！"然后，她又查看了货架上的其他中草药牙膏的成分表，发现很多种号称能防止牙龈出血的牙膏里面都有氨甲环酸成分。

借这个新闻事件，我给大家讲点与牙齿健康有关的事情。我自己觉得我非常有资格谈这个话题，为什么？因为久病成医。可能很多人只知道我长期遭受口腔溃疡的困扰，但不知道我其实也曾经长期遭受牙龈出血的困扰，注意我的用词，是"曾经"。在健康问题上，我这辈子到目前为止最后悔的一件事情是：没有及时看牙医，没有及时洗牙。

我觉得早就该把我治疗牙齿的经历与大家分享一下，或许真的能够及时帮助到很多人。

从读高中开始，我就不敢在公开场合吃苹果或者啃甘蔗，为什么？因为只要牙齿一用力，对，就是达到了咬苹果的那种用力程度，我的牙龈就会出血，甚至吃香蕉也会把香蕉染成红色。刷牙那当然就更不用提了，什么止血牙膏我都用过，统统没用。但是，现在想想真的觉得不可思议，当时压根儿就没有去看过牙医，甚至连这个念头都没有动过，周围也没有人劝我去看牙医。原因很简单，除了会出血，观感不好外，完全没有其他任何病痛，我没有蛀牙。

就这样我的牙龈出血持续了十多年，一直到我参加工作了，我才因为认识了一个牙医，才想到要去他那里看看我这个牙龈出血到底是怎么回事。医生看过我的牙齿后，就说了简单的一句话：必须洗牙，治疗牙周炎。我已经不是牙龈炎，而是牙周炎了。

20多岁的我当时完全没有科学精神。真的，现在回想起来，我尽管是个大学毕业生，从小也喜欢看各种科学类图书（其实大多是世界未解之谜类的伪科学书），但科学素养肯定是不及格的。我一听到"洗牙"两个字，脑海中马上浮现出关于洗牙的种种谣言，甚至有人说可能会感染艾滋病，这么夸张的谣言我居然也相信。

好在我的牙医朋友很耐心地给我做了科普，因为是朋友，所以我对他也多了一份信任，于是完成了平生第一次洗牙。你们知道我当时的牙结石有多严重吗？那真的是一块块的小石头，掉在我嘴里，漱口的时候，我能用舌头把玩一番。洗完牙齿以后，牙缝从只能伸进一根线变成了可以塞进一根棉签，真的就是这么夸张。我洗完牙的第一感觉是自己好像突然缺了好几颗牙齿一样，特别不适应。医生跟我说，你如果不洗掉这些牙结石，我可以打包票，你的牙齿在50岁左右就会掉光了。

洗完牙之后，牙龈出血的状况立即得到很大的改善，因为我当时的牙周炎已经很厉害了，需要时间恢复。

再后来，为了治愈牙周炎，我还做了一次外科手术，说起来很恐怖，事实上也真的很恐怖，就是把牙龈全部切开，然后把牙齿根部的腐肉以及牙结石用锋利的刀片刮干净，最后再缝合。关云长那个刮骨疗毒是假想出来的，而且中毒了也不是靠刮刮骨头就能治疗的，但我做的这个手术倒是可以用刮骨疗毒来比喻了。治疗期间真的是极为痛苦。后来，我还上网专门找到这种牙龈深刮手术的视频看了一下，看完就庆幸自己没有在手术前观看，因为太血淋淋，太恐怖了。如果提前看了，我说不定就打消去做手术的念头了。

但我可以很负责任地告诉大家，这个手术实在是太有必要了。现在我的牙齿终于恢复了健康，牙周炎、牙龈炎都已经控制住了，牙龈出血的现象也消失了。我现在每年要去洗牙2～3次，每次需要洗牙的信号就是看刷牙的时候是否有血丝，只要有一点点出血的迹象，我就知道又该洗牙了。我是绝对不用任何含有止血成分的牙膏的，因为那样就会把我需要洗牙的信号给掐灭了，把带来坏消息的信使杀掉并不能阻止坏事发生。

但我后悔的是，我应该提早十年就去治疗牙龈炎，重视牙龈出血。我耽误了十多年的病情，后果就是有些损伤已经不可逆了。例如牙槽骨被侵蚀萎缩就是不可逆的。

好了，我的经历讲完了，接下来就该给大家科普了。我要告诉你几个人人都应具备的健康常识：什么是牙结石？什么是牙龈炎？什么是牙周炎？

先来说什么是牙结石。有些人可能以为牙结石就像水壶中的水垢，只是附着在牙齿上的矿物质沉淀，只要洗掉了，牙齿还是老样子，或者用力刷牙就能把牙结石给刷掉。

错了，牙结石不是水垢，而是珊瑚礁。珊瑚礁见过吧，就是珊瑚虫死后留下的钙化尸体，那种硬度比起牙结石还差一截呢。牙结石说得通俗点就是，一种生活在牙齿上以食物残渣为生的细菌，然后它的代谢产物形成了坚硬的牙结石，附着在你的牙齿和牙龈之间。牙齿上宽下窄，排列在一起一定会有缝隙，之所以有些人没有牙缝，是因为牙龈充满了间隙，看起来很密合。但当结石过多，牙槽骨会萎缩，牙龈也会跟着萎缩，洗掉结石后，牙龈不会再长上来，这样一来就会出现牙缝了。有些人害怕牙缝变

大而不去洗牙，实际上这是掩耳盗铃，你的牙槽骨已经萎缩了，那些堵住牙缝的不是牙龈，是牙结石，不去洗掉的话，你的牙槽骨只会萎缩得越来越快。因为有了这些牙结石的保护，细菌就很难被牙刷刷掉。把牙结石洗掉，就是让这些细菌暴露出来，这样才能及时被牙刷清理干净。所以，牙结石有百害而无一利，必须洗掉。

但是，牙结石是绝对不可能用牙刷就能刷掉的。你想想你用牙刷能把珊瑚礁给磨平吗？必须用专业的工具才能做到。最早的时候，牙医就是用非常锋利的金属刀片去刮。但是这样既危险，效果又不好。现在用的是一种会产生超声波的特殊金属刀，这种刀会让结石产生极高的震动频率，等于是把牙结石震松了，这就安全高效多了。

有趣的是，那位牙医朋友告诉我，长牙结石的细菌和蛀牙的细菌似乎喜欢的环境很不一样，所以，一般来说，有蛀牙的人不容易长牙结石，容易长牙结石的人不容易蛀牙。我和我爱人刚好就是这两种类型的人。她是不长牙结石，只有蛀牙，而我刚好反过来。

我们再来说一下什么是牙龈炎。牙龈就是包裹住牙齿根部的一层牙肉。这层肉不是紧紧地贴住牙槽骨的，而是有一点点缝隙，你可以把这个缝隙想象成马路边的水沟。各种细菌很容易在这个水沟中滋生。当细菌多到一定程度了，就会有发炎的症状。临床表现就是微微发红、发肿，还会出血，经常还伴随着难闻的气味。而牙结石就会把这条水沟弄得更宽更深，水沟越大，细菌就越容易滋生，于是形成恶性循环。以前，我的牙龈炎怎么也不会好，就是因为水沟已经成了细菌的欢乐谷了，只会越来越多，不设法缩小水沟，是不可能恢复正常的。知道了这个原理，你就能理解为什么牙龈炎吃什么药都没用，因为吃药不能去除牙结石，不能缩小水沟。细菌是杀不光的，可谓"野火烧不尽，春风吹又生"。

牙龈炎继续发展下去，就会升级为牙周炎。还是用水沟的比喻，牙龈炎和牙周炎的区别就在于水沟的深度，当水沟深到一定程度，医生如果用探针探到牙周袋底低于釉牙骨质界，通俗点说就是相当于水位线以下了，就可以诊断为牙周炎。

等到发展为牙周炎了，牙槽骨的萎缩导致牙龈也跟着萎缩，因为牙槽骨的萎缩是不可逆的，皮之不存，毛将焉附？牙龈的萎缩也跟着不可逆。到这个阶段，即使再做治疗也不能恢复如初。医生和患者的努力，也只是使其维持在这个阶段不再恶化。恶化下去的最坏结果就是牙神经暴露，很容易受到冷热刺激，产生酸痛，等到牙槽骨萎缩到一定程度，牙齿就脱落了。

要特别提醒大家的是，从牙龈炎向牙周炎发展的过程中，患者几乎不会感觉到疼痛，最多也就是感觉牙龈肿胀出血，等到真正影响咀嚼的时候，其实已经错过了治疗时机。这也是为什么我强烈建议有牙龈出血的人应该尽快去看牙医。只有检查过了，你才知道自己的牙齿处在什么阶段。

也有人问我，刷牙不出血，是不是就不用洗牙了？这不一定，也许是刷牙的时候没刷到牙龈，不碰它当然不出血了。我建议每个人都要去做定期的牙齿体检，听从医生的建议是否要定期洗牙。因为牙齿的疾病，患者自己很难第一时间发现。牙医通过专业的检查，可以发现各种早期的问题，把它们扼杀在萌芽状态。

一般来说，一次洗牙的价格是 200 元左右，就算一年洗两次，一年的花费也就是 400 元，实在是非常值得的健康投资。如果牙齿出了问题，种一颗牙齿，少说也要花 2 万元，够你洗牙 50 年了。

所以，下次看牙的时候，如果医生告诉你需要洗牙，拔智齿，补牙……正确的回答就是："好的，咱们约个时间吧。"如果你有疑虑，可以多去几家医院，看看是否给出同样的治疗计划。最不可取的答复是："我不疼，疼了再治吧。"

接着说刷牙，刷牙最重要的部位是刷牙龈。因为菌斑是在牙齿和牙龈交界的位置存留最多，也最难清理干净；反而光滑的牙齿表面很容易清理。正确的刷牙方法是，挤黄豆粒那么大的牙膏，牙刷刷毛与牙齿表面成 45 度角对准牙齿和牙龈交界位置，轻轻水平颤动，每颗牙齿都要刷到，至少三分钟。简单点说，就是横着牙刷把牙齿和牙龈都刷到，最后竖着刷牙缝。这种刷牙方法叫"巴氏刷牙法"，网上搜索一下，有图解。

回到新闻热点上，我可以跟你保证，你去问任何一个有执照的牙医，都不会给你推荐有止血成分的牙膏。因为这根本就是治标不治本，如果它有效，那么它会掩盖牙龈出血的症状，自欺欺人罢了。就好像外伤感染严重，疼痛难忍，医生却只给你打麻药止疼，而不给你做治疗，只会加重病情。牙膏能起到的最大作用就是研磨剂，在牙刷和牙齿、牙龈中间添加一些颗粒物质，帮助清理。除此之外，还有一些脱敏、加氟等辅助功能。所以，牙医的建议是，儿童可以选择可吞咽和含氟的牙膏，但最有效的加氟的手段还是去牙医那里涂上一层，牙齿敏感者可以用脱敏牙膏，普通人选择大品牌自己喜欢的口味就好。

任何打着中草药有治疗效果旗号的牙膏都是虚假宣传，没有例外。

最后，我要感谢科学声音专家团中的胖牙医，他是口腔医学硕士，国内某知名齿科的牙医，有 8 年的从业经验。这篇文章得到了他的很多指导。

为什么全球都在对电子烟进行严格限制

最近一段时间，电子烟在全世界范围内都遭遇了严厉的限制措施。我国市场监管总局和国家烟草专卖局在 2019 年 11 月 1 日联合发文要求：各类市场主体不得向未成年人销售电子烟，敦促电商平台及时关闭电子烟店铺，并将电子烟产品及时下架。随后，各大电商平台都下架了电子烟产品。

而美国的限制令早于中国。2019 年 9 月 12 日，白宫宣布：由于使用电子烟的初中生和高中生人数增加，将禁止使用有特殊味道（比如水果味）的电子烟，只能生产烟草味的电子烟。到了 11 月 16 日，苹果公司宣布从移动应用程序商店中移除所有与电子烟相关的应用，一口气就下架了 181 个 App。

再来看印度。印度内阁在 2019 年 9 月批准了一项紧急命令，禁止生产、进口和销售电子烟。

根据我查到的资料，到目前为止，已经有 20 多个国家（主要在南美、中东和东南亚）禁止销售电子烟产品，其中泰国的禁烟法最严格。澳大利亚、加拿大和挪威等国也都出台了各种限制措施。

可能很多人在看到这些有关电子烟禁令的新闻后，与我一样，很想知道为什么全球掀起了限制电子烟的风暴。因为电子烟在诞生之初，主要以减害的形象出现，似乎是一个有益于社会的产品。但实际看来，事情并没有大家原以为的那么简单。那么，电子烟的危害到底是什么呢？带着这些问题，我做了一些功课。

首先，电子烟对健康的危害是不是比香烟要小？假如一个人从抽香烟改为抽电子烟，对健康的损害是不是会减小？

这个问题的答案比较明确。如果只考虑危害大小，那么电子烟对健康的危害程度确实要小于香烟。因为与大多数人对香烟有害成分的理解不同，香烟最大的有害物质并不是尼古丁，而是焦油。

根据美国国家癌症研究所的数据，烟草的烟雾中含有超过 7000 种化学物质，大多数都包含在吸烟产生的焦油中。包括一氧化碳、氨和氰化氢在内的 250 种化学物质会对吸烟者和接触二手烟的人产生危害，其中致癌物的数量为 69 种。

当然，尼古丁也不是什么好东西，除了会使人成瘾外，尼古丁还会导致婴儿出生缺陷以及可能增加患 2 型糖尿病的风险。但是，现有的研究表明，与焦油的危害相比，尼古丁对人体的危害就是小巫见大巫了。

所以，香烟盒标注最明显的指标就是焦油含量。焦油含量越高，"烟"味就越足，反之就越淡。

电子烟的烟雾中不含焦油，因此，相比含有焦油的香烟，它对健康的危害程度确实减小了许多。不过，电子烟的健康风险依然不小。

美国心脏协会指出：电子烟中的许多颗粒含有不同数量的有毒化学物质，这些物质与心脏病、呼吸道疾病和癌症有关。根据哥伦比亚广播公司 2015 年的报道：波特兰州立大学化学教授佩顿的研究显示，高电压的电子烟会释放出含甲醛的化合物。而甲醛是国际癌症协会定义的一类致癌物。

另外，某些电子烟的烟液中含有双乙酰。双乙酰可能会导致爆米花肺（学名：闭塞性细支气管炎）。2015 年 12 月，哈佛大学公共卫生学院的研究人员宣布，他们发现有证据表明，经常使用调味电子烟的人患上爆米花肺的风险会增加。

随着 2019 年起美国市场上电子烟的花样不断翻新，电子烟又出现了一种新的危害，这是一种致命的肺损伤，被美国疾控中心（CDC）命名为"使用电子烟或者其他电子雾化产品后出现的肺损伤"（e-cigarette or vaping product use-associated lung injury，EVALI），这种肺病与电子烟直接挂钩。

EVALI 已经有大量的病例。截至 2019 年 11 月 13 日，美国疾控中心接到了 **2172 例** 与电子烟使用相关的肺损伤报告，确认造成 **42 人** 死亡。

不过，如果仔细研读 CDC 的报告，实事求是地说，根据美国的这些病例，并不能简单地推导出中国市场上的电子烟也存在同样的肺损伤风险。因为美国市场上的部分电子烟会添加一种很特殊的物质，这种物质在我国属于法律严格禁止的毒品衍生物，这就是四氢大麻酚（THC）和大麻素（CBD）油。四氢大麻酚是一种能使人精神亢奋的大麻化合物。确切地说，这已经不是我们常规理解的电子烟，而是某种新型毒品了。导致肺病发生的，就是与这些大麻相关的加在电子烟中的添加剂，即作为增稠剂使用的维生素 E 醋酸盐。

美国疾控中心对来自 10 个州的 29 名患者提交的体液样本进行了检测，结果发现所有的样本中都含有维生素 E 醋酸盐，在 82% 的样本中发现了四氢大麻酚，在 62% 的样本中发现了尼古丁。

虽然维生素 E 醋酸盐与 EVALI 有关，但证据尚不足以排除其他化学物质致病的可能性。所以，美国疾控中心建议，不要使用含有四氢大麻酚的电子烟，而且，在调查进行期间，避免患病的唯一做法就是——不要使用任何电子烟或电子烟产品。

接下来我再来谈另一个大家关心的问题：电子烟到底能不能帮助戒烟？

我的结论是：**没有证据表明，电子烟真的有助于戒烟。相反，有证据表明，电子烟会使原先不吸烟的青少年更容易染上烟瘾。**

是否有助于戒烟，是判断电子烟是否具有存在合理性的关键。根据新

西兰奥克兰2011—2013年的一项戒烟研究，657名成年人参与了戒烟实验，吸尼古丁电子烟的戒断率为7.3%，吸安慰剂电子烟（即不含尼古丁烟液的电子烟）的戒断率为4.1%，而使用尼古丁贴片的戒断率为5.8%。注意，受试者只要不再吸真正的烟草，哪怕他改吸电子烟了，都算戒烟成功。可以说，尼古丁电子烟在戒断烟瘾上的表现并没有比尼古丁贴片出色多少，如果是不含尼古丁的电子烟，表现还不如贴片。而在美国国家卫生研究所的一项研究中，尽管有85%的吸电子烟的人表示自己要完全戒断香烟，但事实上，他们成功戒断的比例并不比不吸电子烟的人高，甚至在美国出现了吸电子烟的人的戒断比例低于不吸电子烟的人的情况。从数据中可以看出，在澳大利亚和美国，那些吸电子烟的人基本上都是既吸电子烟，也吸香烟，电子烟对他们而言，只是多了一个玩具而已。

FDA也认为，没有证据表明电子烟在帮助成瘾者戒烟上安全有效。美国心脏协会则认为，电子烟应该是成瘾者在别无选择的情况下才使用的方法。

电子烟厂商总是大张旗鼓地宣称：我们的电子烟可以帮助烟民戒烟。但其实我们还需要更多的证据来确定电子烟是不是戒烟的有效方式，只听商家的一面之词是不够的。美国心脏协会推荐烟民们采用其他更为传统的戒烟方法（尼古丁贴片等），而不是电子烟。

美国心脏协会的观点：烟草公司想让新一代的年轻人对尼古丁和吸烟上瘾。仅在2017年，他们就花费了86亿美元进行积极的营销！电子烟现在是儿童和青少年最常见的烟草使用形式。许多年轻人说，他们尝试电子烟的部分原因是电子烟的味道很诱人。超过80%的青少年用户说他们的第一个电子烟产品是调味的。电子烟在青少年中越来越流行，每天有超过3500名年轻人开始吸电子烟。这是紧急情况，加入战斗！

根据美国疾控中心2019年2月发的报告：2017—2018年，高中生使用烟草产品的比例增加了38.3%，中学生使用烟草产品的比例增加了28.6%，这抵消了前几年青少年烟草制品使用下降的影响。

电子烟对公众健康的最大威胁是：它的日益流行可能会让吸烟重新"正常化"，让吸烟变得流行。多年以来，全球禁烟让吸烟人数持续下降，而电子烟可能让数年努力的成果付之东流。

最后总结一下：为什么全球都在对电子烟进行严格限制呢？首先，EVALI肺病的发病原因与电子烟直接相关。其次，还有三个重要原因，分别是：就算不在电子烟中加入大麻，电子烟也有健康风险；没有证据表明，电子烟真的有助于戒烟；电子烟让吸烟的年轻人更多了。

对于个人，我给出的建议是：如果你是一个本来就不吸烟的人，那么不要因为电子烟危害相对小就去吸，吸了电子烟，下一步就会觉得不过瘾改吸香烟了；如果你是为了戒烟而吸电子烟，虽然无可厚非，但也别抱太大的希望，直接戒烟还可以少花点钱。

在看待电子烟这个问题上，希望你务必学会用统计学的眼光去看，而不是被某个故事打动。我们很容易被铺天盖地的电子烟广告所吸引，被那些戒烟成功的故事鼓舞。电子烟厂商可以给你讲一个真实的通过电子烟成功戒烟的故事，我也可以给你讲一个被电子烟害得很惨的故事，也是真实的。如果我们对世界的认知只停留在喜欢听彩色的故事，而不习惯看黑白的数据，那就很难发现真相。权威部门的统计数据或许冷冰冰，但比那些热乎乎的故事更接近真相。

植发植的不是假发！是活的毛囊

如果大家留心的话，就会发现植发的广告无处不在。我第一次听说植发的时候，以为植发就是用一种特殊的工艺把假发粘到头皮上，相当于假发套 2.0 版。或许你在今天看我这篇文章前也这么认为，但这完全错了。植发的本质是自体器官移植：把你头皮上活的毛囊从一个坐标挪到另一个坐标上，还是你自己的头发，只不过换了一个地方生长。所以，只要你头上的毛囊还够，那么用植发来解决脱发困扰是目前最佳的方案。除了植发的过程不怎么令人愉快外，没有其他任何副作用，跟你重新长出头发的感觉一模一样。

我是在 2019 年 5 月 24 日做的植发手术，现在我就用亲身经历来和你详细聊聊植发这件事。我们先从男性为什么会脱发开始说起。

脱发不是一种病，但它对男性的打击是巨大的，这是由现代女性的普遍审美眼光造成的。如果回到几百年前，这都不是事儿。中世纪的欧洲流行的是秃顶，人们还故意要剃成这种地中海发型。而在我国的大清朝，这也不是问题，那时候反正从乞丐到皇帝都是一种发型。其实真实的清朝发型与你在清宫剧中看到的发型是有很大差别的，它有个称呼，叫金钱鼠尾，意思就是头顶只留一块铜钱那么大区域的长头发，辫子跟老鼠尾巴差不多粗细。

男性脱发非常普遍。欧洲的高加索人最容易脱发，他们中大约三分之一的男性到了 30 岁就开始谢顶了，而到了老年，几乎个个都绝顶了。中国和日本男人从全世界范围看，脱发比例是最低的，但所谓的最低其实也不低，有一份来源不明但经常被引用的数据是：40% 的 40 岁以上的上海男人受到脱发困扰。其实你只要留心在周围观察一下，大致也能感觉出中国男人的脱发比例。讲出来全是泪，我就是差不多 30 岁之后开始慢慢脱发的。

那脱发的主因是什么？之前我出门，经常会有人关心我，问我是不是工作压力太大，是不是总熬夜，所以头发才掉得那么厉害。我总忍不住给他们科普：男性脱发主要是基因决定的，而不是压力大之类的原因。当然，精神压力大、内分泌失调以及皮肤病、药物副作用、外伤等原因也会导致脱发，但这些原因导致的脱发都是暂时的急性脱发，而像我过去那样缓慢、稳定地从一个青葱少年变成秃顶大叔，就只有一个原因——脱发基因。这与年纪大了头发会变白一样，不是一种病，对健康没有任何影响。唯一的影响，是按照现代人的审美标准，会显得老和丑而已。如果现代人都以光头为美的话，我也就不用遭那个罪了。

脱发基因可以说是男性脱发的根本原因，携带这个基因的男性，想要避免脱发几乎不可能，最多只能减缓脱发的速度，但基因并不是脱发的直接原因。按照现代医学的观点，男性脱发的直接原因是一种被称为双氢睾酮（DHT）的物质，这是男性体内产生的睾酮，也就是雄性激素在某些酶的作用下形成的物质。DHT 号称"毛囊杀手"，它可以使毛囊萎缩退化。因为基因的不同，毛囊分成两种：一种毛囊容易产生生成 DHT 的酶，另一种毛囊则不会产生。所以，有些毛囊长寿，有些毛囊短命。有趣的是，绝大多数男性的长寿毛囊都分布在头部的后枕区。所以脱发的人才被叫作秃顶，都是从顶部开始秃，或从额头的左、右两边开始秃，在头顶形成一个很明显的"M"形发际线。

对于有脱发基因的男士来说，除非完全消灭雄性激素，否则脱发就是早晚的事。不过，有些药物可以促进毛囊生长和缓解脱发速度。目前，被医学界承认的用于治疗脱发的药物只有两种。外用的叫米诺地尔，非处方药，可以在网上购买，无须去医院。它是一种喷在头上的液体，会刺激毛囊生长，但前提是你的毛囊还没有完全萎缩退化。米诺地尔不贵，一瓶100 多元，能喷两三个月。但还有很多价格贵得多的打着各种中草药旗号的生发水，其实都是在里面添加了米诺地尔，真正起作用的成分就是米诺地尔。但米诺地尔的问题是：药不能停，一停就不灵。而且，有些人还会对米诺地尔过敏，喷了以后头皮会瘙痒红肿，比如我。

另一种口服药叫非那雄胺，是处方药，需要去医院开。它的原理是抑制 DHT 生成的酶。所以不能多吃，吃多了有副作用，必须遵医嘱。

说实话，凡是用过这两种药物的人都知道，作用并不大，最多能延缓几年，头发该掉还是掉，想真正保住头发几乎不可能。就目前人类掌握的医疗技术而言，想要从根本上解决脱发问题，唯一的办法只有植发。那植发到底是一种怎样的体验呢？下面我按照时间顺序完整地讲一下植发的整个过程，听完你就彻底了解植发这件事了。

2019 年 5 月初，我第一次走进位于上海的一家植发机构，接待我的是一位很亲切的店员，下面我称她为小吴。

小吴首先通过询问脱发历史和观察这两种方式来确定我是否适合做植发。一个人只有进入脱发后期才适合做植发，如果还在急性脱发期，那么做了植发意义不大，因为很可能移植过去的毛囊本身就是短命毛囊，植了没几天又死掉了。有些植发机构为了挣钱，放宽植发的标准，这是很没有医德的做法。

然后是测算可供提取的毛囊数量和需要移植的数量。植发的原理是从你头部的后枕区取一部分毛囊出来挪到其他区域。那么，后枕区的头发密度越高，可供提取的毛囊也就越多。每个人的头发密度差别很大，必须用一种可以插入头发根部的显微镜看过才能做出判断。一般来说，把后枕区的毛囊取出一半基本不影响外观，因为人后枕区的头发往往比较密。当然，这只是通常而言，实际因人而异。那么，需要移植多少个毛囊到需要的地方呢？这个问题如果要详细解释，是个很复杂的话题。比如，有些人天生鬈发，那需要的毛囊就少，因为鬈发能够覆盖的头皮区域较大。此外，每个人的头发粗细也不同。这些都会影响到需要移植的毛囊数量。这时，一个有经验的植发咨询师就体现出价值了，毕竟最后花多少钱取决于移植多少个毛囊，移植多了不但浪费钱还多受罪，移植少了效果达不到白花钱。笼统来说，要想达到看起来不秃的效果，头皮上每平方厘米的毛囊数量的下限是 30 个，而对于像发际线这样的关键部位，则至少需要 50

个。所以，植发医生在头上种植毛囊的时候，不是平均操作，哪些地方多种一点，哪些地方少种一点，非常有讲究。所以，找一家靠谱的植发机构尤为重要。

小吴很耐心地给我讲解了一个多小时。经过仔细测算，她告诉我一个坏消息和一个好消息。坏消息是我需要移植约 5000 个毛囊，这属于很严重的五级脱发。脱发总共分七级，到了六级，就不适合植发了。好消息是我后枕区的发量不错，头发也挺粗，能够提取的毛囊勉强够需求。接下来，她给我解释了两种不同的植发技术：FUT 和 FUE。虽然你可能在植发宣传单上见过各种各样的英文简写，但目前国际上承认的植发技术只有FUT 和 FUE。国内各种五花八门的技术名称，都是 FUT 或者 FUE 的变种或衍生。

这两种技术在英文简写上只差最后一个字母。用标准中文术语来说，FUT 代表"毛囊单位移植"（T-Transplant 移植），FUE 代表"毛囊单位提取"（E-Extraction 提取）。差别在于：T 是把毛囊连着一小块头皮一起挪到另外的地方，E 是小心翼翼地把整个毛囊从头皮上分离出来，再插到另外的地方。如果用种树来打比方，FUT 就是把树根连着土壤一起拔出，而 FUE 就是精准地把树根分离出来。理解了这个原理，自然很容易明白它俩之间的优缺点。连着土壤的 FUT 相对简单粗暴，对头皮的损伤也大一些，一般会在后枕区留下一道肉眼可见的疤痕，但因为有头发覆盖，所以不剃光头也看不到，另外，种植的密度也不可能太高；但优点是对毛囊的损伤小，存活率高。而要精准分离树根的 FUE，它唯一的缺点就是毛囊的存活率可能会低一些，不过这也取决于器械好坏和医生的技术。从发展趋势来看，做 FUE 的脱发者会越来越多。据我了解，上海几个主要的植发机构都只做 FUE。植发广告上写的"微钉植发"就是 FUE 技术。

除了技术，还有一个更大的差异——价格。目前 FUT 的公开报价是 5～8 元 / 毛囊，FUE 是 10～20 元 / 毛囊。因为国内的植发机构会在 FUE 的基础上做优化，发展出各自不同的技术，并给自己的技术做一些名称上的包装，所以同样是 FUE，价格却不同。你可以把这些技术看作 FUE2.0 版，但这些技术升级到底能给消费者带来多大的好处，是不是值得这个价格差，或许就是他们小圈子的秘密了。在我看来，这种名称上的包装更大的意义在于价格策略，用经济学的术语来说就是价格歧视：找个理由让消费能力高的人多付钱，也为消费能力低的人提供比较合理的说法把总价降下来。实际操作中，植发咨询师一般建议你不同的技术混用，根据头顶不同区域的头发情况，采用不同的技术来种植。这样一来，移植同样数量的毛囊，总价就存在很大的浮动空间。当然也有讲究，搭配得好，既省钱也不影响效果。问题是，这些东西消费者不懂，只能听植发咨询师的，所以，咨询师的人品就比较重要。

刷卡付钱之后，就可以做植发手术了。8 个小时的漫长手术，过程就俩字：煎熬。

首先是剃发。像我这种大面积种植，只能是剃成光头，没什么商量的余地。但如果种植面积不大，只修个发际线，可以不用剃光，只需要局部理发。现在很多女孩子做发际线修补，只需要在后枕区剃一点点头发，用其他头发一遮盖，完全看不出来。

剃好头发，留下照片。注意，植发过程中所有的照片都属于你的隐私，医院一般会与你签订保密协议，你可以要求植发机构不得公开隐私。但很多植发机构会用打折的方式跟你交换隐私权，你只要签署放弃这部分隐私权的协议，他们就会给你在价格上打折，省下几百甚至上千元。我是要求保密的，哪怕我不在乎曝光，但我也不想被别人曝光。

接下来就进手术室了。植发的手术室远没有医院的外科手术室要求那么高，就是一个普通的干净房间，里面有一张像按摩床的手术床。进去以后脸朝下，趴在床上。

第一步就是从后枕区提取毛囊。先是打麻药，针扎得很疼。我问医生："怎么那么疼？我做牙科手术的时候是可以先用局部外涂麻药的方式降低疼痛感，然后再打麻药针的。"医生说这一招用在头皮上效果不好，目前没有更好的办法。让我忍一忍。

医生提取毛囊的过程我看不到，因为打了麻药，也很难通过感觉来感受医生的动作。但显然这是一个精细的过程，因为大约用了两个小时才提取完5000多个毛囊。等我爬起来的时候，整个身体都麻木了，长时间压迫胸部让我感觉有点恶心。医生让我看了一眼那一堆刚刚取出的还血淋淋的毛囊，我差点吐了。

这时候，房间中有四个护士正在飞快地清洗毛囊。因为取出的毛囊只能存活五六个小时。操作得越快，存活率越高。我坐在那里等了一段时间。毛囊全部清洗完后，我就平躺回手术床。这次是平躺，感觉舒服多了。手术医生开始给我植发。

整个植发过程持续了五六个小时，最痛苦的过程就是打麻药，针戳在头皮上生疼。不过说实话，这个疼肯定比不过女人生孩子疼，绝大多数正常人都能忍。植发的原理跟种树基本一样，把连着毛囊的头发放到针管中，然后插进头皮，拔出针管，头发就留在头皮上了。我看真没有什么技术难度。就这样一根一根地种，每个毛囊需要三四秒，5000多个毛囊种下来，就是5个小时左右。还是俩字：煎熬。

术后的第一周比较麻烦。像我这种大面积种植的情况，前三天晚上睡觉都只能平躺，枕头上还得垫纱布，因为有血水渗出，也不能洗头。洗澡也要特别当心。任何外科手术最怕的都是术后感染，所以伤口要尽量避免沾到水。一般来说，术后第五天可以第一次洗头。我是等到了第六天，才去植发的医院洗头。第一次洗头很重要，因为头皮上都是血痂，要把这些血痂洗干净，最好由专业的护士来完成。

植发手术后，医生一般会建议你使用药物来促进毛囊生长。米诺地尔和非那雄胺同时用，但我用米诺地尔过敏，所以就只服用非那雄胺。

　　手术后的头一个月，我的头皮还是经常会痒，手摸上去会有此起彼伏的小鼓包，这段时间的长短因人而异。移植的毛囊因为本身就是你自己的器官，所以不会出现排异。其实，完全可以把头发的毛囊移植到嘴部当胡子用，一点问题都没有。

　　接下来就是耐心地等待毛囊恢复生机，刚刚移植的毛囊会进入休眠期，生长得很缓慢，明显比其他部位的头发长得慢。需要耐心等待 5 到 8 个月，移植的毛囊才能完全恢复原来的生长速度。这期间，药不能停。但是，每天一片非那雄胺，我倒是没有感觉出任何副作用，一切如常。

　　这篇文章是完全按照我个人的真实经历来写的，只代表我个人对于植发的感受和理解，不一定能反映植发行业的全貌。如果你也想去植发，多了解，多咨询，认真严肃地对待，毕竟是一次不大不小的外科手术，花费也不低，少则两三万元，多则六七万元。因此，还是要慎重对待，我的文章仅供参考。

第 三 章

你有多了解你的脑子

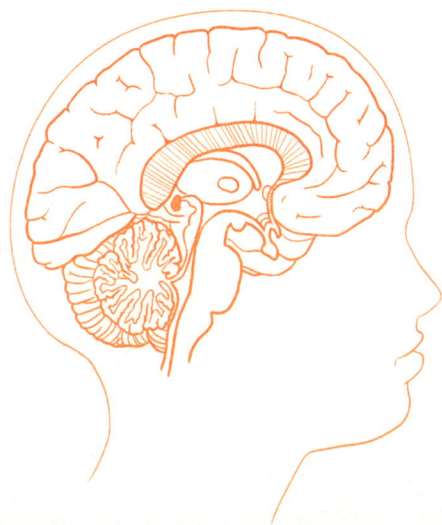

智商和情商哪个更重要？答案是不确定！

　　有人问我智商和情商哪个更重要？我之所以想回答这个问题，是因为现在朋友圈中鸡汤文真的很盛行。说实话，我并不反对励志类的文章，偶尔也会看这类文章，至少我觉得也没什么太大的害处。有些人问我，你说的鸡汤文有没有定义，这个我还真没有定义过，有点像美国的一位大法官说的，"我不知道色情的定义，但我一看就知道是不是色情"。

　　心灵鸡汤文也是这样，定义不出来，但是看了就知道。如果一定要说一个标准的话，那么我认为，如果这篇文章强调的是情商而不是智商，就能够算是一篇心灵鸡汤文。但是，有一类鸡汤文我是非常反对的，就是通过谎言或者篡改和夸大某些心理学或者社会学实验来佐证自己的观点。有一个被鸡汤文引用率相当高的例子是这样的：1981 年，美国的心理学家做了一次跟踪调研。他们挑选了伊利诺伊州某中学的 81 位毕业生演讲代表，这些人的综合成绩是全校最高的。研究发现，这些学生进入大学后，学习期间大多成绩优异，但有四人辍学。而大学毕业进入社会，大部分学生虽然依旧表现优异，但无法找到能燃烧自己热情的职业。而五名女性，其中两名取得了硕士学位，两名取得了博士学位，却选择了放弃职业在家抚养孩子。波士顿大学的凯伦·阿诺德教授参与了调研，调研报告 1995年才发表，他总结说："并不是所有的毕业生代表都是聪明过人的。对于学业成功来说，最重要的不是智商，而是坚持和专注。美国人习惯把成就归因于天赋，而亚洲人则归因于努力。这个研究告诉我们，持之以恒的努力是获得成功的一种方式。当然，你也需要有天赋，但除了天赋之外，长期来说，只有努力和坚持才能有收获。"

这个故事经过我的考证，是确实存在的，不是虚构的，我上面的描述能比较客观地还原这个故事，阿诺德教授的总结我也是翻译的英文原文，没有夹带任何自己的私货。但是，有一些鸡汤文的作者就不一样了，比如，在一篇文章中我看到作者硬把它改为这些毕业生只有1/4取得了成功，其余连平均水平都够不上。改动后的说法流传得更广。实际上这81名优秀毕业生绝大多数依然是社会中的佼佼者，只不过他们不是自己行业中的顶尖者。从概率上来说，顶尖者本身就是这个社会中极少数人才能达到的，否则也就不叫顶尖了，81名的样本实在太少。这个调查最多只能说明，要想成为行业的顶尖者，情商和智商都很重要。建议大家以后看到心灵鸡汤的故事能够谨慎对待，如果要当真，请用关键词的英语去必应或谷歌搜索一下，或许你会发现不一样甚至完全相反的结论。

在心理学界还有一个更加著名的实验，叫"棉花糖实验"，也是被心灵鸡汤文引用率超高的故事。这个故事是这样的：

斯坦福大学的沃尔特·米歇尔（Walter Mischel）教授进行了一个重要的心理学实验。研究人员先把一群4～5岁的幼儿园孩子带入一个私人房间，让他们就座，然后在他们面前的桌子上放一块棉花软糖，之后告诉这些孩子："老师马上要离开房间了，如果等我回来时，你还没有把糖吃掉，那么你就可以再得到一块软糖。但是如果你吃掉了，你就不能得到第

二块软糖了。"然后研究人员会离开房间15分钟,摄像机全程记录。有些孩子会在研究人员离开后马上把糖吃掉,有一些孩子上蹿下跳最终没抵挡住诱惑,还有一些则是默默地等到了最后。这项实验最早发布于1972年。但使它真正成名的却是之后的跟踪调研,并有了一个专业术语"延迟满足"(delayed gratification)。那些接受延迟满足,也就是得到第二块软糖的孩子,相比没有经受住诱惑的孩子,SAT分数更高、患肥胖症的概率更低、抗压能力更强、社交技能更佳、药物滥用更少。这项跟踪研究持续了整整四十年,结论都是接受延迟满足的孩子在各个方面表现更优。

这个实验经过我的考证也是确有其事,不是编造的。但是,通过这样一个实验是否就能得出延迟满足与成功的因果关系了呢?答案是不能,或者说只能得出非常微弱的因果关系的线索。为什么呢?首先,样本数量太少。你想,幼儿园中的一群孩子,有多少个?我没有去详查准确的数量,但想来也就是几十个吧,这一点样本数量根本无法排除随机性,用统计学的术语讲就是置信度太低了。其次,一个实验要尽可能地排除干扰因素,你想,之后跟踪了他们几十年的生活,生活环境的各种因素都会影响他们未来的成长,我们无法确定是不是那些没有提前吃糖的孩子恰好都进了一所好的学校,或者他们的父母恰好都是相对素质更高的人,等等,我们根本无法排除这些干扰因素。最后,结论无法量化,假如延迟满足确实是取得成功的一个正向影响因素,但是它对人的成长到底能占多大比重呢?如果仅仅是万分之一,那就不能通过这个实验把它捧得过高。当然,这只是我的一个假设,真实的情况是我们不知道,或者说仅仅通过这个实验无法得出靠谱的结论。但是我想说这个"棉花糖实验"在心理学研究上依然是非常有价值的,因为它至少提供了一条很有价值的线索和统计相关性。

然而,这个"棉花糖实验"很容易被一些作者夸大和过分解读。

心理学的实验为什么很难做,关键就是很难排除各种干扰因素,要找到相关性容易,但是要找到因果性就非常非常困难。科学精神要求我们把相关性和因果性的概念区分清楚,统计相关性可以作为线索和参考,但不能作为确定的因果结论。你脑子中有了这样的概念后,在以后阅读各种鸡汤文的时候，也会有一个比较客观的态度和判断，不要轻易相信一些结论。

最后，关于智商和情商哪个更重要，我想说，答案就是还没有定论。如果只用统计相关性去研究这个问题，那么正反例子都能找到。在这种情况下，我觉得最好的办法是，如果你觉得自己的智商不高，那你就相信情商才是最重要的；反过来，你就相信智商更重要；如果你觉得自己两样都不高，那你就相信情商更重要，毕竟锻炼情商相对来说更容易操作，方法也多，课程也多。如果你觉得自己两样都很高，但活得还是很失败，那我告诉你吧，什么情商、智商的都不重要，运气才是最重要的，好运这个东西下一秒就可能出现。

人工智能是怎么预测世界杯胜负的

2018 年正逢俄罗斯世界杯，据说这一年也是人工智能预测世界杯的元年，有人问我对此怎么看。听说有些人为了看球把工作都辞掉了，等世界杯结束再找工作，我觉得这种才是真球迷，不知道我的读者中有这样的真球迷吗？我可能连伪球迷都算不上，我只会在淘汰赛开始后看完整的比赛。但如果遇到后半夜才开始的话，我也基本上熬不住，睡觉优先。所以，对于足球，我肯定算是一个外行。因此，这一节的重点与足球本身无关，我只是借着足球的这个话题来跟大家简单介绍一下人工智能预测世界杯的技术原理到底是什么。

但为了能够在举例子的过程中不至于显得完全不懂足球，我找到了我的一位很内行的老朋友 Bill 先生。Bill 是 2014 年入行做足球分析节目的，曾经制作过 200 多期的足球分析数据。

2018 年 5 月 17 日，全世界著名的投资银行瑞银利用大数据和人工智能技术，发布了一份预测报告，结论是德国夺冠的概率是 24%，其次是巴西 19.8%，西班牙 16.1%，英格兰 8.5%。

其实，预测比赛胜负的软件历史非常悠久，可以说从计算机诞生开始，博彩公司就会利用计算机编写预测软件，辅助分析。但为什么现在说人工智能预测，好像是新诞生了一个什么了不起的新鲜事物。很多人可能认为这只不过是宣传的一个噱头而已，并没有什么本质的区别。

没有那么简单。这确实是一个新事物，人工智能预测和过去的电脑预测确实是有一些根本性的区别。过去，我们编写一个足球预测软件，需要请像 Bill 这样的分析师，来仔细分析影响比赛胜负的因素有哪些，这些因素对胜负的影响权重是什么。例如，Bill 告诉我，按照一场比赛的重要程度，这些因素可以分为几个档次：

S 级：伤停及阵容的完整性，中场核心的实力，中场核心的状态，以及可以和中场核心配合的人数。这里面我总是提到中场核心是为什么呢？因为中场核心在每一支队伍中都是攻击或者防守的起点，要是在起点出了差错，后面就会影响流畅性。如果中场本身出现问题了，那后面，一环扣一环的战术逻辑就不攻自破，执行不下去了。

A 级：球队风格，教练经验，球队得分方案的多少，球队的防守球员的默契如何。

B 级：球员的休整时间，球队的锻炼机会，球队的大赛经验，球员的年龄、个性。

C 级：气候纬度时差，球队的精神面貌。

你看，这些知识过去的电脑是不可能拥有的，因为电脑哪里懂足球呢？它只能依赖于人编写的一个数学模型，由人来创建一套计算胜负的算法，说白了，在传统的预测软件中，计算机只是起到了一个计算器的作用。如果你精通 Excel，再加上一个 Bill，你们俩就能完成一个还不错的预测世界杯胜负的电子表格。

但是到了人工智能时代，一个精通人工智能程序编写的程序员，可以不需要像 Bill 这样懂足球的分析师，也能做预测软件了。怎么做呢？靠的就是"机器学习"，今天我们所谓的人工智能，它的本质其实就是机器学习。

假如我现在就是这个程序员，我根本不需要知道刚才 Bill 讲的那些因素到底哪些重要哪些不重要，我只需要随便猜测有可能影响比赛结果的因素有哪些即可，哪怕听上去似乎八竿子打不着

的因素我也可以列进去，比如球员有没有孩子。下一步我将收集过去几十年中所有参与世界杯比赛的球队的各种数据，只要含有我怀疑的与比赛胜负有关的数据就可以，越多越好。

再下一步，我利用一种叫作"深度学习"的计算机算法，让计算机自己去分析这些因素与比赛胜负的关系。你可能没有理解这是怎么做到的，我给你举个最简单的例子，比如，计算机统计了过去世界杯所有比赛的数据，发现球员平均年龄越接近30岁，取胜率就越高。注意，我这是打比方，不是说真的是这样。那么，当我要预测一场比赛的胜负时，我就统计一下比赛双方球员的平均年龄，然后预测更接近30岁的那个队伍获胜。虽然我完全不知道这是为什么，但是过去的数据统计的结果就是这样。至于到底是什么原因，计算机根本不管。

现在，这样的深度学习算法都是现成的。最流行的机器学习的编程语言是Python，你可以很容易在网上下载到别人已经封装好的程序库。它就像一个黑盒，你只需要使用几条简单的程序语句，给这个黑盒输入数据，指定一些参数，这个黑盒就能输出它从这些数据中分析出来的你指定的那些关键词的相关率。

而且你还可以不断地让机器自我学习迭代，比如你创建好了世界杯预测1.0的程序，当世界杯开始以后，你就让它根据自己的预测不断地与实际比赛结果比较，如果预测准确就好像是下围棋获得了胜利，预测不准确就是失败。机器就可以根据胜负的情况不断地重新调整自己的算法。现在阿尔法Go的升级版就是通过自己和自己下围棋来不断地调整自己的算法，道理是相通的。过去我们总觉得，没有会下棋的人参与，怎么能编写下棋软件呢？没有精通中英文的人参与，怎么能写出翻译软件呢？但是，在大数据和机器学习时代，真的就不需要了，计算机只关心统计结果，不关心它们的因果关系。

从这个例子中，我们可以得出这样两个结论：

1. 人工智能依赖已知的数据工作：你喂给它的数据越多，它就可以预测得越准确；反之，如果吃不到数据，它就无法工作。

2. 人工智能本质上只是一种数学统计模型的具体应用，还只是一个计算器，只是计算公式超复杂，运算速度超快而已，计算机并没有"思考"，也并不真正地懂足球。它甚至完全不知道它是在预测足球赛。它唯一知道的只是在不断地调整一些关键词与另一些关键词之间的统计相关性。

因此，对于预测世界杯来说，真正困难的是找到足够多的有效的数据喂给你的程序"吃"，你喂给机器学习程序的数据越多、越真实，它从中总结出来的规律就越准确。或许读到这里，你就能理解了，为什么现在我们总是听到有人说数据比技术值钱。关于这一点，我们也可以听一下 Bill 是怎么说的："所有的人工智能到目前为止都只能是在有数据的基础之上去做的，而且通俗点来讲，这个数据的来源非常重要，要经过筛选。现在网络上关于足球的数据可以说是铺天盖地，大家对于数据的东西其实有误解，并不是说只有数字才是数据，现在的数据很复杂，有数字的，有图像的，有声音的。只要是可以量化的，就可以称为数据。可以表达的一些东西，也可以称为数据。"

当你理解了所谓的人工智能预测世界杯的技术原理，你也就能发现这种预测方法的局限性，那就是，它无法处理以前从未出现过的数据。比如说，这次世界杯法国对阵澳大利亚，世界杯历史上第一次通过录像回放判罚了点球，这个叫 VAR 的新规则就是一个过去从未出现过的对胜负产生影响的因素，计算机就处理不了，因为没有过去的数据做参考。这一节，我给大家找了一个牛津大学介绍什么是机器学习的小视频。它举的例子就是，机器会如何区分一张照片里的是猫还是狗。如果你有兴趣，在我的微信公众号"科学有故事"中，回复"机器学习"就可以收看了。

听起来很好吃的松果体还有开发脑潜能的奇效？

有人问我关于"松果体"和"脑潜能"的问题。目前社会上有好多培训机构在做这方面的事情，都是商业在推动着做。因为没有公开普及，有些神秘色彩。那有没有这方面科学权威的解释或是资料可供参考呢？

可能有一些读者不知道什么是松果体。按照解剖学的定义，松果体是一个位于脊椎动物脑中的小内分泌腺体，是人体最小的器官。松果体因为形状像一颗小松果而得名。它在脑部中央的附近，介于两个大脑半球之间，被裹在两个圆形的丘脑的接合处。形象地说，大概就是从人的眉心位置扎一根针进去，大约扎到脑子的中心时，就差不多扎到松果体了。

我现在很难考证出松果体最早是在什么时候被发现的，反正我是在20多年前就听说过"松果体"了。那个时候谈到松果体总是与"开天眼"之类的超自然现象联系在一起。据说笛卡尔就把它称为"灵魂之作"，认为松果体是思维能力与肉体之间的连接点。

国内有一些脑潜能培训机构往往都打着松果体的招牌，例如，我们可以在一家位于上海的超感官培训中心的介绍上看到这样的内容：间脑连接着松果体，通过训练激活间脑和松果体后，不仅能将短期记忆变为长期记忆，还能加强左右脑的联系，也就是联想能力。而这种联想能力可

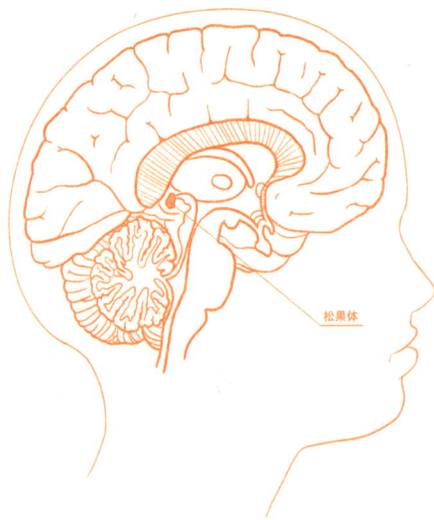

松果体

以反映一个人的信息提取和转换的速度，这也是一个人的思维和思考速度快慢的标准。

那么，松果体是不是真的有这样神奇的功能呢？我想在回答这个问题之前，先谈一点与科学精神有关的内容。

把人体的某一个器官的具体功能弄清楚，是现代医学和生理学的研究课题。人体的器官和功能是非常复杂的，尤其是大脑的功能。而我们目前在人脑的研究方面，进展是非常有限的。最大的困难在于，人体实验由于受到科学伦理方面的限制，科学家们不能随心所欲地设计实验，有一些基本的原则和底线需要遵守。因此，对于大脑的物理结构我们可以通过解剖尸体和各种现代扫描的方法弄清楚，但是对于具体大脑的某个区域起到什么样的作用，不可能在死人身上进行，只能通过动物实验或者是非常受限地在活人身上进行。我们现在离弄清楚包括记忆在内的绝大多数大脑功能的生理机制还有非常遥远的路要走，有一个最常见的比喻是，假如把大脑的全部功能搞清楚比喻成一公里的话，那么，我们现在只走出了一厘米。

这就是目前公认的脑科学界的研究现状。所以，当你看到一个脑潜能培训机构写出这样的话"通过训练激活间脑和松果体后，不仅能将短期记忆变为长期记忆，还能加强左右脑的联系，也就是联想能力"，就基本上已经可以判定为不实描述。何况在文章中也没有提到任何相关的研究论文。要知道，有能力做大脑功能研究的科研机构在全世界范围内并不多，每一篇有关大脑研究的最新权威期刊上的论文基本上都会被广泛地报道。

当然，为了保险起见，我还是花了一定的时间在 SCIE 论文库中检索与"松果体"有关的研究论文。不难发现，科学界对于松果体的作用，是有比较一致的结论的，那就是松果体负责制造褪黑素，而褪黑素会影响睡眠模式，也会对季节性昼夜节律功能的调节起作用。一些脊椎动物如果暴晒在光线下，可以启动在松果体内的酶的连锁反应，校正昼夜节律。因为人体中的松果体可以通过眼睛感知光线的存在，也被称为"第三只眼"。所以，通俗地说，松果体跟人的睡眠质量还有倒时差的能力有关。如果有一家培训机构以松果体之名，宣称可以通过训练改善你的睡眠质量，那可能还有一定的科学依据。但如果扯到记忆力甚至其他超自然的能力，就没有任何的科学依据了。注意，我不会去轻易否定别人，我只能肯定这没有科学依据，因为科学依据的唯一来源只能是科学论文或者其他受到科学界认可的书面资料，除此之外，其他任何来源都不能算是科学依据。但你要说是神学依据、哲学依据或者古老的文化传统依据，那我就没有资格瞎评判了。

有意思的是，我在论文检索的过程中，看到一篇 2018 年 7 月发布的权威期刊论文。从这篇论文中，我们可以看到真正的科学家在研究松果体时，到底是通过什么方法研究的，研究内容又是什么。

这篇论文为《再次聚焦在松果体上》（*Shining new light on the pineal gland*）。研究人员来自德国弗莱堡大学，这是一所创办于 1457 年、历史悠久的欧洲知名高等学府。而刊发这篇论文的是一本名为"发育"的生物学期刊，它发表的论文都经过同行审议。2009 年，这本期刊还被专业图书馆协会列为"过去 100 年 Top 100 的生物学药学期刊"。那么，这篇论文到底说了啥？

首先，能发表在专业生物学期刊上的论文都是有实验支撑的，而研究松果体，不可能直接对着人做活体实验，所以研究人员研究的对象是斑马鱼。其次，比起那种"能提升脑潜能、能提高精神力"的键盘侠，真正能获得刊发的研究成果也通常只有那么一点点。

松果体位于人类大脑的深处，但在斑马鱼这里，它直接长在了头骨的下方。松果体在人和鱼身上的作用都是相同的，那就是在黑暗环境下释放褪黑素。而当光线照进来时，人身上的松果体通过眼睛感知，停止褪黑素的释放，而斑马鱼则不用绕这个弯，通过松果体就可以直接感光。

研究人员使用了先进的遗传工具进行实验。他们发现，如果斑马鱼不能产生脑特异性同源蛋白质（BSX），松果体中的光敏细胞就不能正常发育，也无法释放褪黑素。早期的研究表明，褪黑素缺乏会扰乱睡眠 - 觉醒周期的形成。这时候的鱼，就类似为了工作熬夜、为了看世界杯晚睡、为了玩手机不入眠的人。

研究人员选择斑马鱼作为实验对象是有原因的。这种 4 厘米长的鱼类已经成了遗传研究领域最受欢迎的实验动物。它繁殖速度惊人，雌性一周可以产卵 300 个，每个卵三四个月内就能成熟。而且它的胚胎是透明的，研究人员在早期阶段，就可以直接观察发育中的胚胎细胞。作为一种脊椎动物，它还拥有许多与人类相同或相似的基因。

正是因为这些特质，研究人员才有了新发现，缺乏 BSX 会对大脑产生有趣的影响。胚胎发育的第二天，一小组细胞会从松果体中出来，进入大脑的左侧部分。这些细胞使周围组织发育出了左半脑的特征。而如果 BSX 缺乏，这些细胞就不会形成，鱼会发育出两个右脑，之后也无法产生褪黑素。而如果左右半脑完全对称，鱼会产生类似焦虑的行为异常。

这就是这篇论文的大概内容，研究的主题还是与褪黑素有关，研究的对象是与人类有着一定相似性的斑马鱼。

好了，说到这里，我基本上可以比较有把握地回答这位提问者了，目前没有任何被科学共同体认可的研究指出松果体与脑潜能有关。据我所知，在生理学中，也并没有"脑潜能"这样的科学术语，也就是说，连脑潜能都还不是一个科学界认可的概念，当然开发脑潜能就更谈不上有什么科学依据了。

现在社会上最流行的一种骗术就是雅俗联姻，把一些听上去很高深的生物化学术语与日常口语中的通俗词汇结合起来，这样的好处就是普通老百姓能听懂其中的一半，但他们的高明之处就在于让你听不懂另外一半。人都会有一种心理定式，也就是我们常常说的十句话中，有九句是真话，那夹杂着的一句假话也就很容易让人相信了。

我希望大家能建立这样的一个信念，现代社会已经是一个信息高度流通的社会，凡是任何真正能满足人们需求的商品，都不会深藏不露，却恰好被你碰上的。如果说我们真能发现某一种方法可以提高人的记忆能力，那么，你放心，全世界的医疗机构都不会放过这种机会的。凡是那些让你感觉很神奇，人人都需要，但又很奇怪为什么没有传播开来的事情，通常只有两种可能：一种是骗人的，另一种就是隐瞒了某些严重的副作用信息。

反正我还没有见过例外。

能把量子纠缠比喻成"心灵感应"吗

国内有一本学术期刊《中国针灸》，是中国科学技术协会主管的中文核心期刊，也被一些国外的论文数据库收录，但并没有被国际上影响力比较大的 SCI 收录。这本期刊 2017 年第 11 期上发表了一篇论文，《试论"量子纠缠"与针灸》。过了将近一年，突然被网友翻出来热炒。论文的作者是北京中医药大学东直门医院针灸科的三名医生，第一作者是王军。这篇论文的摘要中写道：

笔者运用量子纠缠理论实现针灸临床的直系亲属互治，且效果显著，结果提示疾病与直系亲属的相应腧（shù）穴之间存在着量子纠缠的耦合关系。笔者认为，本研究的发现将有利于拓展针灸临床的治疗途径，也有助于丰富疾病预防的理念。

通俗来说，就是王医生发现量子纠缠理论可以运用在针灸实践中，最惊人的观点是可以在直系亲属中实现互治，就像网上有人说的，孩子生病了，可以给妈妈扎针，这确实是论文中提出的观点。

由于论文提出的观点足够惊人，但是给出的证据却是一个设计很不严谨的实验，以及仅仅 15 个病例，所以几乎是遭到了网友的一致嘲笑，各大媒体的报道基本上也都是持质疑的态度。

北京中医药大学东直门医院也几乎是立即发表了声明，表示该论文属于作者个人根据相关理论和现象所作的思考和探讨，并非最终的临床研究报告。

论文作者王军也在接受采访时说:"论文属于个人猜想性探讨。由于病例数量较少，没有形成明确的结论，仅供学术探讨，目前不建议用于指导临床医疗。"

　　因为这个新闻的热炒，使得"量子纠缠"这四个字再次走入公众的视线，大家都想弄明白到底什么是量子纠缠。但麻烦的是，要想真正严谨地把量子纠缠解释清楚，必须借助于数学，但普通人看到数学就头大，唯恐避之不及。所以，广大科普人不得不想方设法抛开数学，试图用比喻的方法给普通人解释清楚。这就是科普的无奈，通俗性和准确性就像跷跷板的两头，一头升高，另一头就必然降低。

　　我给大家点评几个最常见的比喻，并做一些补充说明:

　　第一个比喻是，量子纠缠就好像是两个人之间有心灵感应，一个人想到了什么，另一个人也瞬间就知道了。我承认这是最通俗易懂的一个比喻，哪怕是小学生也能听懂，但问题就在于，越是通俗易懂，它的准确性就越差，所以这也是准确度最差的一个比喻。而如果在这个比喻的基础上，再去引申、联想，那就是不折不扣的伪科学了。这个比喻的最大问题就在于，让人误以为量子纠缠是一种瞬间的实时通信，心灵感应是一个人可以把自己的想法瞬间传递给另一个人，但量子纠缠做不到这一点。如果一定要用这个比喻，那么我们需要在心灵感应这个比喻上增加很多限制，比如其中最重要的一个限制是，它们双方之间能感应的东西是受到限制的，不是可以随便瞎想的。两人在分开之前必须事先做好一个约定，例如，双方约定在分开后的某个时间点，只能想一个个位数，还必须满足两个数字之和是 10 这个规则。那么，在这个比喻中，量子纠缠就好比其中一个人想到

了 7，另一个人一定想到 3；一个人如果想到了 4，另一个人一定想到的是 6。

总之，在心灵感应这个比喻中，把量子纠缠的所有苛刻条件都去掉了，如果不知道这些苛刻的条件，顺着这个比喻继续引申，那一切超自然现象都可以解释了，这就是错上加错了。

还有一个常见的比喻，说量子纠缠就好像我们把一双鞋子放入两个鞋盒子中，问题是我们不知道哪一个盒子中放的是右脚鞋子，哪一个盒子中放的是左脚鞋子，但有一点是确定的，它们必定是一对。现在我们把两个鞋盒分开得足够远，打开其中一个，如果看到的是右脚鞋子，那么另外一个鞋盒中的必定是左脚鞋子。有些人读到这里，可能生出的第一反应就是，这不是废话吗？有什么神奇？别急，神奇的地方在于，盒子在没有被打开之前，里面的鞋子处在左右的叠加态中，既是左脚鞋，也是右脚鞋。你打开之后，有可能看到左也有可能看到右，是不确定的。

这个比喻相对心灵感应来说准确很多，但你也发现了，虽然准确很多，但同时需要更多的话来解释，不像是心灵感应一句话就够了，这就是我所说的，通俗和准确是跷跷板的两头，一头高一头低。

但鞋子的这个比喻也会让人产生误会，人们在听到这个比喻的时候，会把关注点放在打开盒子这个动作上，误以为量子纠缠是在打开盒子的那个瞬间发生了什么奇妙的事情，比如超光速通信之类的。因为在这个比喻中，用上了大家最习以为常的鞋子，而我们对鞋子这种宏观物体有着根深蒂固的观念，潜意识中，我们就认为它不是左就是右，无论如何也想象不出既是左又是右是什么概念，所以，我们的大脑在听到这个比喻的时候，很容易就自动把这条关键信息给过滤掉了。于是，在听到这个比喻之后，有人就去设计各种超光速通信的方案。说实话，经常有人写信给我说找到了超光速通信的解决方案，基本上都是受到这个比喻的启发。

实际上，量子纠缠真正打破物理学家们传统观念的是"叠加态"这三个字。在经典观念中，物质的某种状态总归是固定的，比如一个波振动的方向，不管它是朝着哪个方向振动，总归是固定的，哪怕它在不停地切换，比如一秒钟切换个几万次，但在某一个微小的时刻，总是有一个固定的方向。然而，现代的物理学家们证实了，量子的这些状态可以处在叠加态中，比如一个光子的偏振方向，它就同时处在所有的方向上，只有当你的测量方式确定时，它才会表现出一个确定的偏振方向。如果不去测量，我们就不能说它的偏振是哪个方向，只能用概率来描述。

而量子纠缠现象只不过是这种叠加态的必然推论而已，如果叠加态是存在的，那么量子纠缠现象就必然存在。现在科学界的情况是我们可以通过实验的方式来证实量子纠缠现象，因此我们反过来证明了叠加态是存在的。想要了解到底是通过什么实验证实了量子纠缠现象，就必须了解什么是贝尔不等式，那么必然又牵扯到了数学，所以，不通过数学，真的是没有办法让人真正明白量子纠缠。

所以呢，在有关量子纠缠的物理学知识中，真正重要的是理解"叠加态"，而不是"纠缠态"。你看到任何文章，凡是从"纠缠"出发，把纠缠比喻成两个东西以某种超自然的力量联结在一起，然后在这个比喻之上继续往下联想出来的任何东西，几乎可以肯定都是不靠谱的瞎联想，说明他们根本没有弄明白量子纠缠的基本原理。就好像引出这个话题的那篇量子纠缠针灸的论文一样。

真正挑战我们理解力的是叠加态。如果你想明白了叠加态的概念，那么你就会发现，量子纠缠是自然而然的现象，它只是叠加态的必然结果，没有什么好大惊小怪的，也不是什么超自然现象。

最后我还有两句肺腑之言，我今天讲的这些对量子纠缠的理解可以有效地帮助你提高对量子纠缠的认知，但是，你千万不要以为看了我的文章，就完全理解了量子纠缠，从而又在这个理解的基础上开始所谓的"科学研究"。如果是这样的话，科普的目的就适得其反了。请你相信我，不论看多少科普文章，哪怕是靠谱的科普文章，也不能让你像科学家一样去做研究。最多只能满足我们作为一个普通人的好奇心，比大多数人更了解一些科学家的研究成果。而实际上，我们连科研的门都还没摸到。

比如，开头说到的那篇论文，你可以看一下它的参考文献，凡是关于量子纠缠的知识无一例外都来自科普文章。作者一共列出了7篇相关参考文献，其中两篇的标题中有"心灵感应"四个字。很多时候，参考文献的质量可以很大程度反映一篇论文的质量，因为参考文献相当于你的论据，如果你的论据本身都不可靠，如何能保证结论的可靠呢？

我知道，我的读者中有很多是立志成为科学家的学子，那么，我想告诉你们，当你们进入大学深造之时，也就是你们需要忘掉我讲的与你们的专业相关的科普知识的时候，只需要从我的书中学习科学方法和科学思维就足够了。科研和科普是两回事。

抑郁症到底是一种什么样的疾病

不久前，有一位国际上知名的华裔物理学家在美国去世。根据公开的报道，他是因为抑郁症自杀的。这个消息让很多人都想起了多年前，著名的影星张国荣也是由于抑郁症结束了自己的生命。"抑郁症"这个词被中国人所熟知，在我的印象中，与两个人有很大的关系：一个是我刚才说的影星张国荣，2003年他自杀的新闻爆出后，一夜之间"抑郁症"这个词传遍了中国的大街小巷，我就是从那个时候开始知道抑郁症的；另一个就是大家都熟悉的崔永元先生，他曾经公开宣布自己患有严重的抑郁症，不过我们有时候会听到某些人拿崔永元先生的抑郁症调侃，甚至在相声里面也经常可以听到"哎哟，听说你最近抑郁了"这样的调侃。实际上，这种对待抑郁症的态度是不对的，之所以会调侃，还是从心里面不认为这是一种像感冒、肝炎甚至癌症一样的疾病，严重的可能会致命。大多数人还是把抑郁症当作一种人的心理问题，不觉得是一种需要去医院治疗的疾病。我想来给大家谈谈抑郁症到底是一种什么样的疾病。

首先，大家必须明白一点，抑郁症不同于我们每个人偶尔都会有的抑郁情绪，这完全是两码事。最重要的区别在于"程度"和"时长"。谁都有心情的低潮期，如果三五天内就能自己恢复过来，看场电影、吃顿大餐、跑个几公里，心情就豁然开朗了，这肯定就不算是抑郁症。按照英国国家医疗服务体系（NHS）的定义，抑郁的时间超过两周，当中持续低潮，且没有办法自行缓解，就要考虑抑郁症的可能了。那抑郁症的临床表现到底有哪些呢？

我手头有一本书，是陕西科学技术出版社2012年出版的《愁断肝肠：解读抑郁症》，里面有一段对抑郁症症状的临床表现通俗化的解释，抑郁症有三大主要症状：一、情绪低落；二、思维迟缓；三、言语行为减少。我们逐一来说。

情绪低落就是无论如何也高兴不起来，总是苦恼忧伤，觉得了无生趣。时间的每一分每一秒都感觉痛苦难熬，度日如年，甚至觉得生不如死。典型的特征是早上起来时这些感觉特别严重，到了晚上则会减轻。

思维迟缓就是自己觉得脑袋不好使了，记不住事情，思考问题也困难，好像自己一下子变笨了。以往能轻松应对的学习和工作上的任务，现在却像极了珠穆朗玛峰，要攀登上去，自己实在是有心无力了。可以说，比起情绪上的波动，自己能力上的滑铁卢更让人心焦。

言语行为减少，就是变得不爱活动、不爱和人说话，觉得浑身懒洋洋的，连走路都很费力，对于一些有意思的活动也不愿意参与了，生活上很懒散，有时候甚至连个人卫生也懒得搞。

但是，三大症状同时具备的人其实并不是很多，有些人只是具备了其中的一条。其他不那么典型的症状还包括焦虑、丧失兴趣和自我评价过低等。丧失兴趣也很常见，有这一条表现的人没有了以往的热忱，体会不到生活的乐趣，对任何事情都兴致索然，发展下去，可能会闭门独居，疏远亲友，回避社交。可以说"情感麻木了"。

在抑郁症的诊断上，有一个比较常见的认知误区，在这里要特别强调一下。

如果你或者你的亲友正在经历以下这些体验，例如，有时整日昏昏欲睡，眼皮都睁不开，有时又彻夜难眠，一天睡不到两个小时。有时吃得很少，感觉一点都不饿，以前觉得好吃的现在都味同嚼蜡；有时又会吃得很多，希望靠吃得多来振奋心情，虽然大多数情况下并没有用。反而体重时而大增，时而又可能大减。

注意，这不是抑郁症，而是躁郁症，不过"躁郁症"

这个词现在不常用了，专有名词是"双相情感障碍"，简称"双相"。双相的典型症状就是时而躁狂，时而抑郁。根据2010年美国得州大学健康卫生中心查尔斯·波顿领导的一项研究，大约三分之一最初被诊断为抑郁症的患者实际上得的是双相情感障碍。

误诊的原因是，轻度躁狂的患者会感到精力旺盛，这对正常人来说是蛮开心的，所以不会觉得是什么大问题，而当双相转了到了抑郁的那一面，又感觉自己完全跌入了低谷，这时候患者才觉得出了问题，所以找医生主诉的病情肯定也是以抑郁的症状为主。还有一个原因，躁狂可能只是偶尔出现，而抑郁是更常见的症状，这也可能造成误诊。为了避免误诊，要把自己过往与病情有关的情绪上的症状仔细报告给医生。

我们继续谈抑郁症，这是一种常见病，2001年浙江省15岁及以上人群精神疾病流行病学调查的结果是，抑郁症的发病率大约为6%。另外，我能查到的2011年的一个数据是6.5%，这个数据发表在自然集团下属电子期刊 *BMC Medicine* 上，看来发病率有增高的迹象。6%是什么概念，也就是说，我国至少有8400万人患有不同程度的抑郁症，差不多是德国的总人口了。抑郁症还可以细分为四类：重度抑郁症、持续性抑郁症、季节性抑郁症和非典型抑郁症。

重度抑郁症的患者超过两周的时间一直处于极其抑郁的状态，凡事一般都只看到消极的一面，被空虚感、无力感和无价值感包围，进食和睡眠都有障碍，头痛，反复想到死或有自杀企图。根据澳大利亚和新西兰精神病学杂志上的一篇论文提供的数据，男性重度抑郁症患者的自杀风险远远高于女性，男性接近7%，而女性只有1%。如果你对不同性别患者的自杀率问题感兴趣，可以参考文稿中附的论文网址。

持续性抑郁症与重度抑郁症的症状相似，但程度要轻一些，不过持续的时间更长。持续性抑郁症一般要持续两年才能确诊，总的病程可以持续10年甚至一生。

季节性抑郁症的症状与重度抑郁症的症状相似或略轻。这种抑郁症的特点是在寒冷季节发病，多晒太阳可以减轻病情。对这种抑郁症的诊断需要确认患者只在特定的季节发病，而在其他季节从未发病。对于患者来说，光照疗法似乎特别有效。

还有一些患者在一些特殊情况下表现出了明显的抑郁症状，但不符合具体病症的诊断标准，医生可以做出非典型抑郁症的诊断。

看了那么多，如果你觉得自己完全符合抑郁症的典型症状，那么，我给你的强烈建议就是，把抑郁症当作和肝炎一样的疾病，必须去正规医院看病。如果是去普通的医院就诊，首选精神科，其次是心理科。但如果医院这两个科都没有的话，也可以挂神经内科。当然，最好是去专门的精神卫生中心，现在国内每个城市基本上都有精神卫生中心了，只是大多数人可能都没有留意到，查一下就知道了。抑郁症也与大多数疾病一样，越早治疗，效果越好。如果你依然不当它是一种疾病的话，那么后果很可能是相当严重的，影响学习、生活、工作不说，还会因为吃不好、睡不好而并发其他疾病。

我自己没有得过抑郁症，也从来没有去过精神卫生中心看病，但为了写这篇文章，我特意询问了一位有精神疾病的患者，请她详细述说了自己的看病历程。她在上海市宛平南路 600 号的上海市精神卫生中心看病的过程简述如下，供你做一个参考和心理准备：

在精神卫生中心，医生会详细询问你的各种症状，也会安排你进行问卷测试，并根据相应的情况，对你做出病情的诊断。一般来说，都会开药给你吃的。说到这里就不得不提，有些人对精神疾病的药物存在着一些抵触心理，担心副作用大，并且认为自己一吃药就彻底变成了一个精神病人，这顶帽子太大了。也有不少人觉得，精神病是否可以只通过和医生聊聊天，甚至来个催眠，解开一些小时候的心结，病就不治自愈了。很遗憾，这些影视剧或者小说中的情节，在现实生活中发生的概率很低。现在确实有收费很高的类似聊天、催眠这样的心理疏导治疗，但这些也依然只是辅助治疗，不能取代药物治疗，而且真的很贵，也不纳入医保范围，老百姓是很难享受的。当然，在我看来并不是什么享受，任何疾病的治疗过程都不是享受。精神疾病药物是纳入医保的，重性精神病则纳入大病医保。

一般医生接待你的时间最多为半小时，如果要进行一个小时以上的长谈，需要选择特定的提前预约好的专业类的咨询服务，咨询费肯定是需要付的，名额也不多。一般医生的就诊以开药为主。你有具体的问题，医生通常也会解答。但医生不会和你闲聊，毕竟就诊的人很多。

绝大多数人的抑郁症都是轻度或中度的，经过药物治疗后，症状都能得到缓解，但能否断药后不再复发，就说不准了。抑郁症第一次发病后，有两种情况很常见：一是变成了慢性抑郁（需要长期服药、症状存在但不剧烈），二是停药后隔一段时间又复发。一般复发的病人，症状会一次比一次更严重，最后有可能成为重度抑郁症患者。

最后我想提醒大家一点，你千万不要自以为掌握了一些抑郁症的皮毛知识就去指导别人吃什么药，这也是我在文稿中一个药品名称也不提的原因，所有精神类疾病的药物都要严格遵医嘱。作为普通人，对精神病患者既不要歧视，也不要过度关怀。我们能做到的最大的善意，就是把他们当作普通人对待。

请大家记住：抑郁症也是病，严重起来会要命。

"量子波动速读"

前段时间发生了一个热点：量子波动速读。大部分人对此都觉得很不可思议。受这个事件的影响，最近这段时间经常有各种机构、单位、社群找我去谈一个话题——如何识破量子波动速读这样的伪科学骗局。邀约中也有请我谈谈为什么需要学习科学思维，以及如何给孩子培养科学思维等。

大多数人只看到了这个事件的负面效应，但没意识到这或许也是一桩好事。每次发生这样的热点新闻，大家就会突然关注起科学思维来，这时候的科普就是事半功倍。主流媒体也愿意让出更多的版面刊登科普作者的文章，大众也有了更多的被科普的机会。

但让我感到有点无奈的是：但凡希望我谈这个话题的邀请者，他们组织的听众无一例外都是小学生，或者小学生的家长。即便是组织家长，实际上也是让我去给家长讲怎么培养孩子的科学思维，最终的目标受众依然是孩子。这就是我国的现状，绝大多数人都觉得要给孩子培养科学思维，大人不需要。为什么大人不需要呢？我总结了两种情况。

第一种情况：很少有成人觉得自己缺乏科学思维。据我观察，大多数人都觉得自己具备科学思维，一旦去参加类似讲座或课程，会觉得自己受到了侮辱。

第二种情况：虽然明了自己对科学思维一知半解，却觉得那是青少年该学习的东西，跟自己的生活无关，让孩子多学学就好了。

很无奈，虽然我的读者都知道成人其实更需要科学思维，但我无力改变大环境，我所有的努力无非蚍蜉撼大树罢了。

牢骚发完，回到正题，我把之前的一些东西整理总结了一下：为什么中小学生需要学习科学思维以及如何培养科学思维。不管怎么说，那么多人有意请我讲这样的课，还是让我感到高兴的，毕竟二三十年后，现在的孩子就是国家的中坚力量了。

我先来总结一下青少年学习科学思维的六大好处：

第一，它会让你在今后的生活中，以更可靠的方式找到问题的答案，或者帮助你更好地解决问题。

第二，它会让你变得与众不同，请相信我，这种与众不同的气质会让别人对你刮目相看。

第三，它不但不会让你变得特立独行，反而会让你更容易找到志同道合、惺惺相惜的朋友，并且这些朋友会有很大的概率在将来成为各行各业的佼佼者。

第四，它会帮助青少年不断累积优势，你会持续不断地在原来的基础上取得进步，隔一段时间之后，这种积累起来的优势就会显得非常突出。

第五，它会让你成为一个讲道理的人，而不会被人看作胡搅蛮缠，无理也要搅三分的人。

第六，它会让你成为一个独立思考的人。

独立思考的反面就是人云亦云，没有自己的思想和主见。在生活中，作为孩子的家长，我也经常会被问到一个问题，就是你最希望自己的孩子长大了成为一个怎样的人。这个答案当然可以由无数个形容词组成，比如善良、勇敢、有知识有文化、有道德有修养等。但是，如果只让我选择一个词的话，我希望我的孩子将来是一个能够"独立思考"的人。再多的优秀品质都无法与之媲美。

这就是我总结的六大好处。科学思维非常有用，可以说，人类自从有了科学思维后，文明的发展被大大地加速了。在科学和科学思维诞生以前，社会发展 1000 年，人们的生活都没有太大的本质变化。可是现在，每过 10 年，我们就会感受到一场巨变。人类的技术文明在科学思维的引导下，简直就像爆炸一样。我们现在的时代，很可能是整个人类文明历史中绝无仅有的一段历史。

大多数人所不知道的是，科学思维其实是很晚才有的。科学启蒙是在2000多年前的古希腊时期，后来中断了1500多年，一直到文艺复兴时期才重新回归。因此，我们现在常常说的科学精神、科学思维其实也就只有大约400年的历史。说出来很多人可能不信，在400年前，别说中国人没有科学思维，全世界的人都没有。为什么科学思维出现得这么晚呢？

因为科学思维其实是违背人从出生就有的正常思维的。科学思维要求人不要相信直觉，不要相信自己的感觉和经验，哪怕你自己的感觉和经验多么真切，也不能全信。相反，要相信严格的逻辑推演，要相信严格的受控的实验数据，要摆脱对个案的迷思，要用统计的思维考虑问题。简单概括，就是要相信逻辑和实证，这也被称作"批判性思维"。这种思维模式无法天生就获得，必须经过大量的后天学习才能获得。正是因为要通过专门的学习才能获得，所以不可能人人都拥有，甚至可以说，少部分人才会拥有。

下面是我总结出来的科学思维的要点。您和孩子都可以对照看看：

1. 能区分观点和事实。

2. 了解科学和技术的区别。

3. 知道什么是信源。

4. 能大致判定信源的可靠程度。

5. 习惯用统计的眼光看现象，而不是沉迷于个例。

6. 能区分因果性和相关性。

7. 能区分前后关系和因果关系。

8. 懂得基本的逻辑规则。

9. 知道什么是类比，什么是逻辑推演。

10. 了解谁主张、谁举证的基本概念。

11. 了解科学共同体是怎么回事。

12. 能区分哲学思辨和科学思考。

13. 能明白经验不等于规律。

14. 知道大样本随机双盲对照实验的含义。

15. 能判断一个观点有没有可能被证明是错的。

这 15 条请你仔细想一想：是不是对其中的每一条都有一个清晰的概念，都能举个例子来说明呢？

我很诚恳地告诉你，我清晰地记得，上面这 15 条我是从 2003 年（我 25 岁）得了一次面瘫之后，才慢慢开窍的。中间大概用了 10 年的时间，才把每一条的含义真正理解透彻。

这就是"科学思维它不是一个人天生就能获得"的原因。相反，如果没有一些特别的事情发生，或者没有一个人天天跟你唠叨，几乎很难理解这些概念。我一点也不觉得掌握这些概念比学习数理化轻松。在我做科普的这些年中，我甚至很沮丧地发现，不管我如何努力，想尽一切办法，我似乎永远没有办法让某些人知道用"类比"的方法讲道理与用"逻辑推演"的方法讲道理的区别。

举个例子，有一个经常被争论的问题：人类是否可以和外星人沟通？

我经常听到有人说人类和外星人肯定无法沟通，这就好像人类和蚂蚁无法沟通一样。他们会觉得自己的道理非常完美，无懈可击。为什么他们会这么觉得呢？因为他们无法区分类比和逻辑推演的区别。

这种证明自己观点的方法仅仅是一个类比，没有任何逻辑。因为他没有讲出为什么可以把人类比作蚂蚁，把外星人比作人。这才是观点的核心论据。

而用逻辑推演来证明人类可以和外星人沟通的方法则是：

先建立两条不证自明的公理：1.数学是这个宇宙中普适的规律；2.智慧文明都能掌握基本的数学知识。

如果你同意以上这两条，那我就可以判断，外星人可以和人类沟通。怎么沟通呢？就是通过数学作为信息传递的中介。

假如你不同意，我们就要回到这个论证的起点，即数学是不是宇宙普适的规律，智慧文明是不是都能掌握基本的数学知识。我们先就这两个问题达成共识，再讨论外星人的问题。

这就是逻辑推演的方法。有前提，有逻辑，有论证。或许逻辑推演的过程不够严密，存在漏洞，但这并不妨碍这种证明方法本身的可靠性。它和类比有着很大的区别。

懂得以上这些就会让我们成为一个讲道理的人。实际上，如果带着这个概念去看很多流传的说法，你就会发现，生活中处处存在着人们津津乐道的类比谬误。毫不夸张地说，大多数养生保健的道理都是类比谬误。只要打开电视，收看一些养生类的节目，就会发现里面充斥着养生大师们娓娓讲述的保健"道理"。仔细一听，说来说去都是类比，没有统计，没有数据，没有信源，没有逻辑，没有因果关系，没有合格的实验，但即便这样，这些节目依然大行其道。

如果你和我一样，希望这个社会上的伪科学骗局能少一些，希望有越来越多的人讲道理，希望这个社会变得更加理性和文明，我们就需要给中小学生培养科学思维。

一个人拥有科学思维，改变的是他自己的人生；一群人拥有科学思维，改变的是世界的未来。

那么，如何给中小学生培养科学思维呢？

根据这几年职业科普的实践经验，我认为最有效的方式是给孩子讲科学史，而不是单纯地讲科学知识，或者回答十万个为什么。

几乎所有的孩子都有一个特点：对故事更感兴趣。其实不仅是孩子，成人也一样。区别只在于，成人还可以靠强迫自己用更高效的方式吸收知识。但孩子有孩子的天性，你很难按住孩子的头，他们的注意力不以你的意志为转移。

所以，培养青少年的科学思维不能操之过急，一定要把道理融入故事中。而科学史故事则是科学思维最好的载体，因为科学思维本身就是一代又一代的科学家们总结出来的智慧精华，科学家们追寻真相的过程就是对科学思维最好的诠释。讲故事的过程中，只需要稍加总结、点拨就够了。

这些故事本身就很有意思，充满了跌宕起伏的戏剧性情节。真实历史中的很多意外和巧合，我相信最优秀的编剧都猜不到。而我愿意余生都写作并传播这些故事，矢志不渝。

这里顺便推荐一下我写的众多科学史故事书，例如《时间的形状》《星空的琴弦》《亿万年的孤独》《太阳系简史》等。

第四章

长知识，能救命

如果离我不远的核电站出现泄漏该怎么办

前几天看了一部美剧《切尔诺贝利》，这部片子得到了空前的好评，在著名的影评网站 IMDB 上评分高达 9.6 分。

关于写这部片子怎么好的影评已经太多太多了，我今天就不说它好在哪里了。科学声音专家团中刚好有一位电离辐射防护的专家——马加一博士，他也是国家核与辐射突发事件卫生应急队队员。他看完影片后告诉我说，这个片子在他看来，批评有余，建设不足。此话怎讲呢？他说这部片子把核泄漏的灾难性后果已经做了充分的描述，对苏联政府的一些错误做法也做了充分的批评，但问题是，它没有告诉我们老百姓，在灾难发生后正确的做法是什么。影片中出现的都是错误的做法，那万一灾难发生了，我们应该怎么做才是正确的呢？

我觉得他说得有道理，所以，我恳请他为科学声音撰写一篇关于核灾难发生后，我们应该如何应对的科普文章。马博士欣然应允，我把马博士的文章稍作整理和修订后转述给大家，这也算是从另外一个角度对《切尔诺贝利》的影评。

根据国际原子能机构和世界卫生组织联合调查的结果，切尔诺贝利核事故中一共死亡 56 人，其中除了 9 名儿童死于甲状腺肿瘤，其他 47 人都是救灾队队员，其中大部分都死于急性放射病。通过长期跟踪切尔诺贝利周边居民，科学家发现甲状腺癌高发，特别是对于当年还是少年儿童的人群，甲状腺癌的发病率明显提高。其他实体癌症的发病率也有上升，但是由于影响癌症发病的因素很多，不能确定是射线的影响。婴儿的死亡率、畸形率没有显著影响。科学思维要求科学家不是对某件事情去做价值判断，而是通过对事情的起因、经过、结果的分析，从中找出客观规律，防止未来的核事故发生，保护更多的人。

切尔诺贝利的事故教训是惨痛的，但我们并不能因噎废食，谈核色变。实际上，今天的核电站与那时候相比，安全性已经有了本质的提升。

以我们国家广泛采用的压水堆来举例，我们采取了纵深防御的策略。也就是一层一层地防护，将放射性物质与环境隔绝开来。首先是把核燃料的铀和陶瓷烧结在一起形成燃料芯块，利用陶瓷来封印。然后给它加上一个锆合金的坚硬外壳，这样核燃料就彻底与外界隔绝了。再用20厘米以上的钢制压力容器将发生反应的部分和外界彻底隔离，在核电站运行时压力容器与外界只通过散热器交换热量，物质完全封闭在容器内。最后再给整个反应堆厂房套上一个1米厚的预应力混凝土安全壳。运行时整个反应堆厂房全封闭运行。在更新型号的核电机组上还有更多的安全措施。但目的只有一个，在极端情况下保证放射性物质不流出去。

这样的设计在理论上已经足够安全了，新一代的反应堆还进一步加强了安全性，已经能达到严重事故发生率小于10^{-6}堆年，也就是每个反应堆在其寿命（假定工作100年）内发生严重事故的概率不大于万分之一。但不怕一万只怕万一。万一发生了我们不希望看到的事情怎么办呢？

我国在2013年制定并颁布了《国家核应急预案》，这是我们应对核事故总的指导原则。我给大家择其要点介绍一下。

根据这个应急预案，应急响应一共分为四级。四级响应叫应急待命，相当于国家喊各就各位，这时候核灾难还没有发生，但可能发生。譬如周边国家发生灾难尚未影响我国时，国家就可能启动四级响应以备不时之需。三级响应也叫厂房应急。顾名思义，厂房应急的意思就是放射性物质已经开始释放了，但是还局限在厂房内。这时候安全壳这层屏障还在起作用。1979年3月28日美国三哩岛堆芯熔毁事故就是因为围筑体发挥了作用，没有造成巨大的灾难。

如果放射性物质进一步突破了安全壳限值，但仍然局限在核电站内部，这时就要启动二级响应了，二级响应也叫场区应急，应急范围是整个核电厂。由于核电站选址一般都在半岛或者岛屿上，这些天然阻隔会限制放射性物质的扩散。直到这一步，与我们普通人依旧关系不大，主要是核电站的专业人员在进行应急，但如果放射性物质进一步释放，突破了场区的边界，那么一级响应场外应急就开始了，这是我们国家应对核灾难的最高动员，也是我们每个普通人需要了解的自救和救灾知识。

首先我们要明白，就算是最严重的一级响应也并不是和每个人都有关的。和你是否有关这一点取决于你离核电站，更准确地说是你离事故反应堆的距离。

我国的所有核电站都建在沿海一带。一旦发生事故，那么事故的中心就是核电站的反应堆，放射性物质会从这些地方释放出来，随着风向一边稀释一边扩散，空气中的污染物又会在扩散过程中从天而降污染地面的水源和食物。专业人员会根据当时的风向和扩散条件，结合核电站周围辐射量的监测结果划出两个范围。中心区域叫烟羽应急计划区，简称烟羽区，一般 10 千米左右，差不多是一个县的范围。在这个区域内空气中含有大量的放射性物质颗粒，吸入会造成内照射。颗粒也会落在地面、衣物以及各种表面，使得各种物体表面都带上放射性。这些落下的放射性物质又会

辐射大量射线形成外照射。如果遇到下雨，放射性物质还会随着雨水的汇聚作用形成一个个高放射性区域。如果你正好处在烟羽区，那么请你一定要记住以下 3 个步骤：

1.进入室内，2.关紧门窗，3.打开电视、收音机、网络终端等一切可以获取信息的设备。

除非有生命危险，不要吃放在外面的食物。尽量饮用桶装水，如果家里有应急包，那么就是应急包发挥用处的时候了。

这里的要诀是就近躲起来，不要惊慌，保持秩序，也不推荐逃生。原因有以下两个方面。一是这时候内照射来自烟尘和空气。逃生过程中难免会吸入更多的放射性气体，同时放射性污染物的下落会污染身体，这么做反而会受到更大量的辐射。而待在屋子里关紧门窗能最大限度地减少吸入放射性物质。房屋的墙壁是天然的屏蔽体，可以阻挡大量的射线。就算下雨放射性物质大量沉降，在房间里也是基本安全的。据研究，在这些灾害中光是躲进房屋关闭门窗这一个动作至少能让你减少 30% 的射线剂量照射，根据房屋条件的不同，譬如在人防设施中，采取封堵策略以后人员受到的照射可能不到外面的 1%，这已经是一种足够安全的状态了。二是出于安全考虑，在灾害中交通秩序可能会比较混乱，这时候不但有交通管制，而且发生交通事故的概率更高，反而有组织地撤离是最安全的。应急开始以后，按照应急预案，政府会组织撤离群众。过程中一般还会进行登记，然后做放射性检查、洗消，必要时还会发放稳定性碘片等阻止吸收的药物。如果自行撤离，这些措施都很难做到，反而徒增了自己的风险。

烟羽区外，由于动植物、水源都有可能被沉降的放射性物质污染，所以地面上的水、植物、动物除非经过检测，否则也被认为是不安全的，这个区域我们称为食入应急计划区，简称食入区。如果你正好在距离核电站 30 千米范围内，譬如在核电站所在的地级市，那么很有可能你就在食入区范围内，这个范围内虽然暂时没有吸入放射性物质的风险，但也需要注意一些事情。最重要的就是尽量停止食用本地的农产品，包括肉禽蛋奶、海鲜水产，也包括蔬菜水果，尽量食用包装好的食物或者非核电站地区运来的食物。同时注意接收信息，如果下令暂时撤离要服从指挥，有序撤离到更加安全的地方去。

做到以上这些，在灾害之中就能确保安全了。但还有些事情是你需要知道的。

首先是关于碘片，看过美剧的观众应该都会对这种药片印象深刻，关键时刻它可以救命。还记得2011年我们国家爆发的抢盐事件吗？就是关于碘片的不正确认知导致的。这就有必要介绍一下这个所谓的抗辐射神药了。碘片的主要成分就是稳定性的碘化钾，反应堆的原理是裂变，裂变过程当中最重要的产物之一就是放射性的碘。而碘进入人体以后会迅速地聚集在甲状腺上，造成甲状腺受到大量辐射而癌变或者失去功能。如果在放射性碘进入人体之前或者同时服用碘片，身体内就会有很多稳定性的碘占满甲状腺吸收碘的通道，使得甲状腺不再吸收放射性碘，从而减少对人的伤害。从原理我们可以看出来，碘片要起作用需要两个条件，一个条件是量要足够大，足以阻塞甲状腺的吸收通道，所以碘盐里面那一点碘是不够的。另一个条件就是要在吸入放射性碘之前服用，当人撤出烟羽区以后就没有必要再吃碘片了。还有就是碘化钾有一定的毒性和不良反应，这可不是什么防辐射保健品，只有应急时才可以在医生指导下服用。由于碘片保护时间也是有限的，服用时间也要按照应急人员的指示进行。实际上，并不是所有核事故当中公众都需要服用碘片的，这需要应急专家根据当时的情况做出哪些人需要服用的判断。

其次就是在面对灾害时需要有沉着冷静的心态。越是情况紧急，越是要保持判断力。心态可以是帮助人们成功脱险的利器，也有可能成为一切救灾行动的杀手。灾难发生时，人们正常的心态，先是恐惧，然后为了应对恐惧，往往会产生集体性愤怒。这是人类心理的正常应激反应，是人的原始本能。这种本能会以各种方式表现出来，譬如流言蜚语，譬如集体暴力行为。这在世界各国面对大灾难时屡见不鲜。富有如美国，贫困如海地，面对灾害时都会发生社会失控的事件。在灾难来临时不信谣，不传谣，不参加暴力活动，控制自己的情绪，维护社会的秩序才是应该有的态度。众志成城、共渡难关需要受灾群众和救灾人员的共同努力。如果你需要帮助，在灾区请向救灾人员寻求帮助。如果你发现有违法乱纪的事情正在发生，也请通知军人和救灾队。这对救灾工作非常重要。

　　说实话，今天讲的这些知识可能你一辈子也用不上，但是，一旦用上，你生存或者免受伤害的概率就远远高于没有这些知识的人。更重要的一点是，在灾难发生时，群体的错误行为往往比灾难本身更可怕，从这一点上来说，给大家科普一些冷门的救灾知识也是我们科普人的职责。

为什么飞机座位上没有降落伞

为了向大家科普乘坐飞机时的一些常见问题，我请来了资深的民航客机维修工程师姚同学，代表各位吃瓜群众向他提问。

汪：前段时间我带女儿坐飞机，起飞前看电子屏幕上播放安全须知，上面说救生衣在座位底下。然后我女儿就问我：这救生衣为啥不是降落伞啊？

姚：飞机上配降落伞的理由只有一个，那就是紧急情况下的逃生。而不配降落伞的理由却非常多，而我认为最重要的一个，就是不具有可实施性。要知道，跳伞不是一项公民基本技能，而是一项要经过特殊训练才能掌握的技能。让没有经过训练的旅客在空中跳出去，后果是不敢想象的。另外，发生紧急情况时飞机的姿态是否可控，是否有旅客穿戴好降落伞再去舱门跳伞的客观条件，如果是巡航状态，舱外低温缺氧的环境，这些因素都决定了跳伞不是旅客面对紧急情况下所能选择的最佳生存方式。最好的方式是由飞行员控制飞机进行迫降等其他更有效的手段。

前段时间我看过一个 3D 的小短片，是关于整体客舱逃离的，大概意思是让飞机的客舱部位可以脱离，对这个部分单独制作应急逃离降落伞。这个理念在未来能否实现我不敢确定，但是目前这只能是一个理念，客舱脱离的具体方式，脱离机构的设计，以及大吨位伞降的实现，都是需要克服的问题。

那么，飞机上为什么要配救生衣呢？这个问题比较好回答，飞机在飞行途中有可能涉水，就会有水面迫降的可能，水面迫降以后，飞机在水面可以漂浮一段时间才会沉没，那这时候人员的水面漂浮设备就非常重要了，救生衣就是其中之一。飞机上不仅配有救生衣，还有飞机的座椅垫、能容纳几十人的救生艇，部分应急滑梯都能实现水面漂浮。这些漂浮设备漂浮的时间越长，就会为救援带来越多的机会。

汪：安全须知中还有戴氧气面罩的说明，我想问一下，一般在什么情况下，氧气面罩会脱落呢？

姚：氧气面罩作为飞机上必不可少的应急设施，主要用于飞机客舱意外失压以后乘客的应急呼吸使用。客舱失压的原因为客舱密闭性受到了影响，通俗点说，就是客舱漏气了。客舱结构受损，舱门密闭性不好，外流活门故障，都有可能造成客舱失压。而氧气面罩的脱落有两种方式：一种是客舱的压力感应装置探测到客舱失压以后的自动脱落；另一种是驾驶舱有控制按钮，飞行员可以手动控制氧气面罩的脱落。

汪：戴上氧气面罩就会有氧气了吗？有什么需要特别注意的事项吗？

姚：客舱安全演示当中有一个细节可能很多人没有注意到，戴上氧气面罩需要向下拉一下，这是因为客舱内乘客使用的氧气面罩的氧气来源并

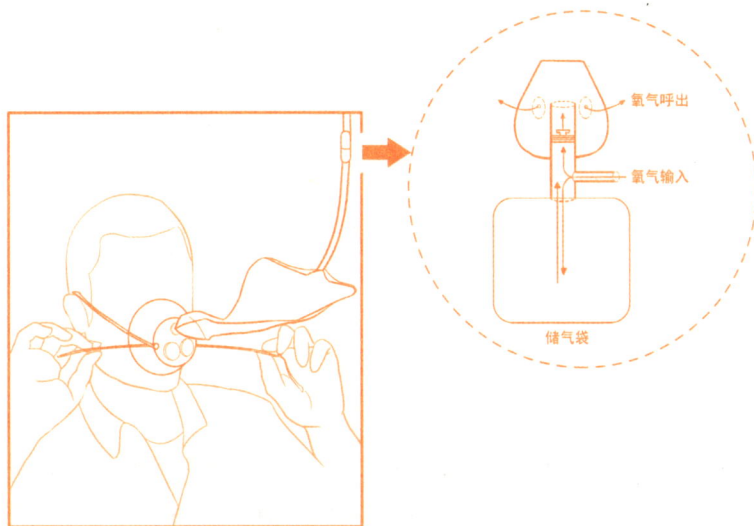

氧气呼出
氧气输入
储气袋

不是氧气瓶，而是氧气发生装置，是通过化学原理来产生氧气的。而这个发生器的开关，就在氧气面罩带子连接氧气发生器的那个位置，你拉一下，相当于拉开了氧气发生器的开关，氧气就出来了。千万不要以为戴上氧气面罩就可以了，记得拉一下。当然，我们希望连戴氧气面罩这种事都不要发生。

汪：为什么坐飞机有时候会觉得耳朵不舒服？有什么办法可以减轻这个现象呢？

姚：因为飞机在爬升、巡航、下降阶段中，飞机外部的气压产生变化，为了飞机内人员的健康及舒适，飞机会使用空调系统对飞机内部的空气压力进行调节。而这种调节并不能做到始终保持完美的地面大气压，所以耳膜外侧与耳膜内侧就会产生一定的压差，耳膜接收到两侧的压差，你就感觉到压耳现象了。不同体质的人对于压耳现象的敏感程度不一样，那么如何来减轻压耳现象呢？吞咽唾液、含个糖块、捏鼻鼓气等办法都可以，原理都是让耳膜内外的气体沟通起来，让耳膜内外的压差减小。

汪：我想再问几个比较专业的问题。飞机有倒挡吗？

姚：没有。民航客机的轮子不同于汽车，是完全没有动力传输的，飞机的前进靠发动机向后喷射空气的反推力，减速靠轮子上的刹车以及扰流板、反推等方式减速。倒车？只能靠飞机牵引车推着飞机倒车了。刚才我说到了一个叫反推的装置，就是让发动机喷气的方向改为向前，这个装置的功能是用来减速的，至于说原地反推能否倒车，理论上是有可能的，美国的 C-17 运输机好像就可以，但是我们平时乘坐的民航客机，是禁止这种操作的。

汪：民航客机的维修保养大概是什么样的？跟我们平时保养汽车差不多吗？

姚：这个可以单独开一个专题来说了，飞机的维修跟保养是一套很复杂的程序。我们简单说一下，就是定期维修保养 + 不定期排故。定期维修保养会根据飞机执行航班的数量及飞行小时数，从每一次起飞前、降落后到每 7 天、每 × × 飞行小时数进行不同级别的检查。从起飞前、降落后的目视检查到更高级别的定检、高检检查，总之，机务工程师会依据飞机厂家制定的维修手册来确保飞机在航班运输时持续处于可用的状态（保证飞机的适航性）。不定期排故就是有了故障就要排除掉，对于故障的级别判断，机务人员会有一个分类，根据维修手册，哪些故障是必须排除以后才允许飞机执行航班的（重要系统的故障），哪些故障是可以先保留下来，待后期统一处理的（非重要系统的故障）。

汪：我听说，如果领了登机牌就不用担心上不了飞机了，只要你不登机，飞机就肯定不会飞，这是真的还是假的？

姚：为什么登机口要不厌其烦地通知旅客抓紧时间登机呢？这是因为登机口工作人员能够看到所有办完了值机手续的旅客信息，如果你还没登机，安检口也没有查到你已经进去了，那说明你还在候机厅。这种情况下，登机口是会一直广播提醒你的。有几点原因。第一，你可能没听见，多广播几次提醒你，这是服务人性化的体现。第二，出于安全考虑，如果有人别有用心，出于某种恐怖主义因素刻意不登机，而且他还有托运行李，那么如果这个人失踪了，航空公司会把他的托运行李找到，拿下飞机以后才允许飞机起飞的。这个时间成本依然很高，所以登机口会不停地通知未登机的人员抓紧时间登机。

汪：有一次我登机以后，飞机迟迟不起飞，我闷在机舱里等了两个多小时。我觉得这肯定是航空公司的阴谋，不想赔偿延误费，因为据说登机以后就不计算延误时间了。是不是这样？

姚：汪老师我记得您跟我说过，那次延误是因为天气不好造成的，这里我需要说明一下。如果是本场天气原因造成的延误，往往会有大量的航班滞留，等到天气好转，这些航班就要在机场管制的指挥下排队起飞。只有已经上客完毕、关舱门的航班才可以去排队，所以这种情况下机组往往会让旅客在客舱内等待，一旦天气条件满足，第一时间排队，第一时间起飞。所以在这种情况下航空公司会让旅客在客舱内等待，而不是不想赔偿延误费。

汪：那我想知道，造成飞机延误的主要原因有哪些？

姚：首先呢，我想表明一个事实，那就是，航空公司跟旅客一样，是最不愿意看到航班延误的，这里不仅仅是因为不想赔偿，或者局方的考核。而是航班延误对于航空公司本身来说，利益影响非常严重，延误啊，备降啊，都会带来巨大的成本损失，飞机趴地上不飞就是在烧钱啊。所以，航空公司也不愿意延误，这一点跟旅客不是对立的，而是利益共同体。下面我再说一下造成延误的几大重要原因，我想最重要、最常见的大概是三种。第一种是天气原因，本场、航路以及目的地机场的天气都会影响航班运行，这个比较好理解。第二种是航空管制，很多旅客觉得飞机是天高任鸟飞啊，实际并不是，给民航客机飞行的航路其实是并不宽的一条，就像在空中规划出了车道，飞机不能在车道外行驶，如果偏离了航路，那么性质是很严重的。所以飞机在空中依然要遵守交警部门，也就是空管部门的指挥，那么在北上广深这种超大型机场，往往会排队起飞或降落，就会造成航班延误。还有一种情况就是解放军的训练活动有时候也会占用空域，这种情况下，一段时间内一部分空域禁止民航飞行，民航客机就只能在地上等待训练活动结束，而这种信息出于保密原则，航空公司没办法更详细地通知到旅客，也只能归类为航空管制了。第三种比较常见的延误原因，就是机械故障了，通俗地说，就是飞机坏了。这个时候最紧张的就数负责维修的机务同事了，抓紧时间把飞机修好为第一己任，当然，在飞机修好之前机务是不会签字放行飞机的，安全第一嘛。

《中国机长》中穿雷雨云的情节真实吗

电影《中国机长》，我觉得前三分之二还是挺好看的。对我而言，它好看在把一个我既熟悉又陌生的职业的细节展现在我面前，这个职业就是民航飞行员。

为什么既熟悉又陌生呢？我们先来看一个数据，根据原子智库李迅雷的估计，中国坐过民航飞机的人数大约是 4 亿人，虽然没有想象的那么多，但绝对数量也已经不少了。而我相信，我的读者中应该大多数都坐过飞机，所以对于民航客机不会陌生。但在我们乘坐飞机的时候，从来都只能听到机长的声音，看不到机长的样子，更不要说近距离观察飞机驾驶舱看他们怎么开飞机了。

根据《2015 年民航行业发展统计公报》：截至 2015 年底，全行业取得驾驶执照飞行员 45523 人，较上年底增加 5642 人。根据这个数字，我估计截止到 2020 年，有飞行执照的人数不会超过 7 万，由此可知会开飞机的人只有万分之五的比例。你平均要认识 2000 人，才有机会认识一个飞行员。所以，大多数普通人是没有飞行员朋友的，开飞机对于大多数普通人来说是一件非常稀奇的事。而我比较幸运，在我的读者群中就有好几位平时很活跃的机长，不光有机长，还有修飞机的专业人士。

这部电影是根据 2018 年 5 月 14 日四川航空 3U8633 航班成功迫降的真实事件改编。飞机起飞约 40 分钟后，在一万米的高空，驾驶舱右座风挡玻璃突然破裂脱落，飞机瞬间失压，驾驶舱的风速超过 800 千米／时，这种风速普通人难以想象。副驾驶的半个身子都在失压的瞬间被吸出舱外。但是，机长刘传健居然奇迹般地将飞机开回来并安全降落了，所有乘客和机组人员全都安全。

我看完电影后，马上就去问他们：这部电影中那些细节的真实性到底如何？得到的答复是"基本真实"。他们的工作流程、环境基本上就是那样，而且故事也基本还原了当时事件的真实情况。只是占了电影不小篇幅也很精彩的飞机穿雷雨云的情节，是虚构的。

由此我就格外关心这种情节是否有可能真实地发生。飞机在天上飞的时候，雷雨云的威胁到底有多大？机长该如何应对？为了满足好奇心，我问了我的资深读者南航的机长（网名：翔子盖地虎）。下面我把他叙述的信息整理了一下，分享出来。为了方便叙述，采用第一人称。

对于飞行员来说，一年只有两个季节——夏季和冬季，因为夏季意味着绕飞雷雨、备降、通宵、熬夜，冬季意味着低云、低能见度、航班取消等。

首先要明确，我们在任何情况下都不允许"穿越"雷雨云的本体。这里说的"穿越"，是指从两个云体之间穿过且两个云体之间的距离不得少于10海里。雷击对于飞机来说是一种比较严重的威胁，轻则打坏飞机表面的部件，甚至能打出一个大洞，最严重时可能造成机毁人亡。只是历史上还没出现过雷击导致的坠机事件，但这在理论上完全有可能发生。所以，对于雷雨云，机长都不敢大意。

我给你讲一个真实的故事。

2015年的四五月份，我飞成都。当时已经在成都区域了，我听见波道里有机组给管制员报告，自己很可能被雷击了，然后飞行员又把可能遭到雷击的空域地点通报给了天上其他的航空器，使其他航空器可以避开这一危险区域。我当然也打开了气象雷达，果不其然，一块60多平方千米的积雨云正在我们的一点钟方向，按照当时的航迹往前飞的话，绝对会和积雨云近距离接触。

在气象雷达上，积雨云就像一个荷包蛋，但是分为三层：最外层的小到中雨区为绿色，中间的中到大雨区为橙色，最中心的洋红色（甚至紫色）为大雨和湍流区。关键是我们的飞机处于下风方向，虽说风速不大，但架不住极有可能往外抛的冰雹。以八九百公里的时速撞上去，绝对不是儿戏。

所以我马上决定向上风方向绕飞。我向管制员报告我的绕飞意图。谁知竟然没获得同意，因为成都周围限制空域比较多，申请绕飞的航空器也多，而航空器之间又必须得有严格的间隔规定，比如同向飞行的航空器前后距离不得小于 20 海里等。

说实话，我当时有点冒冷汗了。我就申请上升高度，哪知又被拒绝了，因为头顶还有相对飞行的飞机，上下间隔也就 300 米。总不能下降，从雷雨下方过吧？

你们猜我的决定是什么？说出来虽然丢人，却是最理性的选择——在当前位置盘旋等待。此时我们距离那块积雨云已经只有 10 海里了，与它亲密接触也就是一分多钟的事情。

就这样等了很久，我们结束了盘旋等待，最后绕飞成功，顺利落地。

中国上空有一个区域是我们夏天最怕的：从贵州到江西再到江苏南京这一带。每到夏天，从南边孟加拉过来的暖湿气流和北方过来的冷气团相遇，加上长江周边的大量水汽参与，就形成了由西到东长达 1000 多千米的锢囚锋。这种天气系统的可怕之处在于：几乎把中国从长江分成了一南一北两大块儿，分界线上的锋面雷暴从早到晚此消彼长。南边的飞机往北方飞很麻烦，北方的飞机往南边飞也是如此，我们称之为天雷滚滚。从云图上看，就像一串儿好不了的溃疡。雷暴的高度非常高，到达一万米轻轻松松，民航客机也就一万来米，运气好能飞得比雷暴高，运气不好，飞机太重，或者空域影响，飞不了那么高，就得想办法从雷暴的薄弱环节穿过去了。

所谓的"薄弱"就是把气象雷达的增益系统开大，让雷达对回波信号更敏感，然后选一个颜色是绿色的缝穿过去。当然，也得遵守相应的法规条款，比如从两块积雨云间穿过去的条件是云体间的距离不得少于10海里。

有时绕飞太远，油量不够，虽然穿越的风险较大，但两害相权取其轻，就只能"穿"。这时，手脚会习惯性地放在相应的操纵台上，虽然自动驾驶是接通状态，但在极端环境下，目前人的应变能力是大于机器的。在心里模拟着各种可能出现的突发状况相应的对策，那真是用开了挂的方式来获取异样的信息：比如有没有看见机身附近强烈的闪光，有没有听见砰的一声，这些都是被闪电击中的典型特征；有没有听到噼里啪啦、像被无数小石子砸的声音，这是被冰雹击中的声音；有没有闻到焦煳味，这是发动机内部叶片被打坏产生的气体传到引气系统里被我们闻到的气味。

总之，遇到这种情况算是走霉运了。哪怕最后安全落地，飞机被雷击中产生些小焦痕，回去被当成典型事例挨批不说，对以后个人晋升、公司的年底安全业绩评比，也是一个不小的影响。

每当这时，我的肾上腺素估计比平时高出十倍，驾驶舱的气氛只能用凝重来形容。等到完全穿过危险天气，就会感到重获新生一样欣慰，随之而来的则是疲惫。但无论考虑个人的前途还是自己今后在公司的发展，都是安全落地后的事儿，当时想到的只有保证旅客安全，这点职业精神肯定是有的。

飞了那么多年，我最大的感悟就是：人类在客观的矛盾中成长。飞机作为交通工具，凝结了人类顶尖的智慧。飞机的每一处细节都透露出理性的痕迹。每一种机型的设计为的不是满足我们的审美，而是基于性能的要求。现代计算机的算法技术如此强大，可以让我们做到极度理性与客观，但同时也包含着灾难。谁都不想发生雷击、雹击、风挡玻璃破裂等不安全事件，但想要避免，就必须小心翼翼地把这些可能存在的因素从客观事件中一点点剥离掉。

翔子机长的故事我分享完了，希望大家以后坐飞机的时候，也能多想想在机舱中为我们保驾护航的机组人员。如果遇到烦心事，也能多一点体谅，在万米高空，小小的机舱就是一个真实的命运共同体。

心脏支架价格大跳水，但安装还是要谨慎哟

2020 年美国大选进入开票最关键时刻，一则国内新闻却成功地转移了我的注意力。要不是来自人民网的新闻，我看到标题保准会以为又是假新闻或者无良自媒体的过度解读。这个重大新闻的标题就是《国家组织冠脉支架集中带量采购开标 支架价格从均价约 1.3 万元下降至约 700 元》。我过去还从未见过这么大降幅的医疗用品，而"心脏支架"这四个字让我看着特眼熟。因为就在几个月前，我陪父亲去医院安装心脏支架，医生跟我术前约谈，我纠结用国产的还是进口的，这些事都还历历在目。

你可能不知道，心脏支架在医疗耗材中属于高价格的一类，国产支架的平均单价大约是 13000 元，进口的更贵，平均单价达 17000 元。而一台手术装两三个支架很常见，即便医保能报销一部分，但对于普通老百姓来说依然是巨大的负担。

那么，心脏支架到底有什么厉害之处，为什么会那么贵呢？

我们先来了解一下心脏支架到底是什么。

其实，心脏支架从外形上来看被称为"心脏支管"更恰当。它的外形是一个金属网编成的小圆管，直径大约 3 毫米，与一根 2B 铅笔的笔芯差不多粗细，长度在 3 厘米左右。把它放进血管中，就可以把血管壁给撑住，使得血管扩张开。

手术时，医生首先在病人的腹股沟、手臂或者手腕部位的血管动脉上开一个小口，然后插入一根细细的导丝。接着医生看着屏幕上的 X 光图像，慢慢将这根导丝往前伸，直到抵达心脏附近。在确定到达正确位置后，医生首先给导丝头上的一个小球囊充气，于是阻塞的动脉就会被小球

囊扩开，然后放下支架，再放掉球囊中的空气，抽出导丝，一个支架就放好了。重复这一过程，直到完成所有心脏支架的安放。

这个手术对于缓解病人的心绞痛等症状能起到立竿见影的效果。1994 年美国 FDA 批准这项医疗技术后，相关技术得到了迅猛的发展，心脏支架也经历了好几次升级。最早期的支架就是单纯的金属网状小管。但医生很快发现时间一长血管壁组织会增生，于是血管又会变窄。为了解决这一问题，人们又发明了一种防止血管壁组织增生的药物，它可以非常缓慢地从支架上渗出，持续产生效果，这种含有药物的支架被称为"洗脱支架"。现在的支架被称为"三代药物洗脱支架"。

斑块
支架
球囊

1. 沿导丝送入装有球囊的支架系统

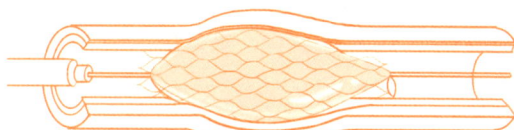

2. 扩展球囊，释放支架

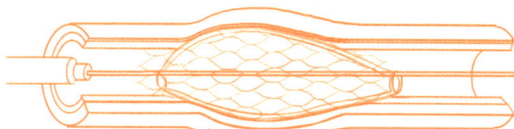

3. 球囊撤压

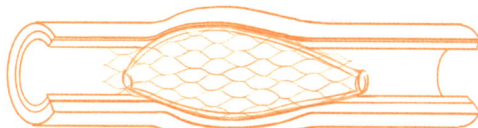

4. 撤出球囊、导管和导丝，支架支撑在狭窄病变处

虽然欧美国家发展这项技术比较早，但近年国产支架的质量提高得很快，现在已经完全不输给进口支架的质量了，我给父亲选择的就是国产支架。

根据央视新闻网 2020 年 11 月 5 日一篇题为《107 万个！首次国家组织高值医用耗材冠脉支架集中带量采购来了》的报道表明，我国现在每年要做 100 多万例心脏支架手术，支架的总费用大约为 150 亿元，占到了全国高值医用耗材总费用的十分之一。支架为什么这么贵？央视新闻把玄机点了出来。

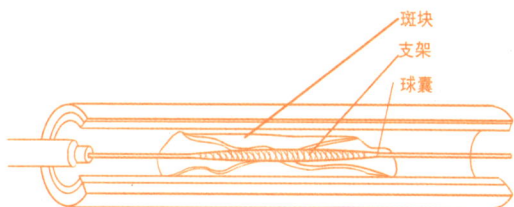

高值医用耗材价格虚高和销售方式密切相关。生产企业生产出产品后，交由代理商包销，经过层层代理后，高值耗材的出厂价和最终百姓的使用价格，就相差悬殊了。在这种销售模式下，企业比拼的是销售渠道和费用空间。

也就是说，患者付的材料费，很大一部分进了医药代理商和其他一些中间环节人的腰包，所以这个价格水分太大。其实这不难理解，充其量就是这么一根比牙签还短的金属管，它的直接生产成本能有多少？哪怕研发投入再大，能比做电脑芯片还难吗？

支架的价格这么贵，能不能进医保呢？我查了一下，每个省份的规定不一样，能进一部分，但不是全额，报销比例还跟你选择什么样的支架有关，而且手术费和材料费的报销比例也不一样，比较复杂。但有一点是肯定的：哪怕能报销百分之六七十，高昂的总价摆在那里，自费部分对于普通家庭来说仍是一笔不小的开支。所以，相对欧美国家，我国做心脏支架手术的比例其实很低。

美国人口差不多只有我国的四分之一，但美国每年也有100多万人安装心脏支架，与我国的总数差不多。由此可见，我国还有非常大的市场空间因为高昂的价格没有被释放出来。

就在这样的背景下，国家出手了。国家说，"不要中间商赚差价"。国家医保局组织了全国2048家医疗机构拼团购买心脏支架，一口气就抛出了107万个订单，差不多就是2019年我国全年的用量。这么大一块蛋糕，支架的生产企业当然得拼了。所以，这次有11家国内外的主流生产企业参与投标。国家说了，你们自己杀自己的价，在同等质量下，谁杀价杀得狠，我们就买谁的。

结果这个标一开出来，或许行内人见怪不怪，但至少我是傻眼了。所有国产支架平均降价幅度92%，进口支架平均降价幅度95%。这意味着从原本全年150多亿元的支架费用中，一下子就挤掉了109亿元的水分。

这109亿元原本都被无数个医疗用品代理公司瓜分了，现在全还给病人了。毫无疑问，这一结果会让一部分利益受损的相关从业人员很不开心，但我想，开心的患者更多。

一两万元的支架现在只需要七八百元，这简直就是苹果手机卖出了白菜价。最快 2021 年 1 月，各地的病人就可以陆续用这个价格买到质优价廉的心脏支架了，那接下来会发生什么？估计大多数人都想到了：会迎来心脏支架手术的大爆发，而且增长幅度很可能相当惊人。

如果你看到这里，马上迫不及待地要去给自己或者亲人预约手术，请务必看完最后的段落，或许这才是本文最为重要的内容。

2020 年 3 月 30 日，全球知名医学期刊《新英格兰医学杂志》在线发表了一篇重量级的研究论文，犹如在心脏医学圈中投下了一枚重磅炸弹。这是一项对心脏支架手术效果的大型临床试验。美国斯坦福大学医学院和纽约大学医学院的研究人员从 2012 年至 2018 年，在 37 个国家招募了 5179 名心脏病患者，病人被随机分组，接受不同的治疗方案，比如有的接受只吃药的保守治疗，有的接受心脏支架的治疗，有的则做心脏搭桥手术等。注意：我现在是把复杂的试验方案用最简化的语言描述，实际情况当然没有我说的那么简单。

总之，这项研究是被美国国家卫生研究所认定的、同类研究中规模最大、影响力最大的研究之一。它的结论有点出乎人们的意料：

研究表明，心脏支架或者其他心脏手术治疗，在降低病人的死亡率上，并不比单一的药物治疗更有效，而生活方式的改变可以降低心脏病患者的各种症状发生次数。不过，心脏支架能提高胸痛患者的生活质量。

这个结论出人意料是因为在要不要安装心脏支架这个问题上，医学界存在着长达几十年的争议。有些医生认为，在没有发生明显的心血管症状时，医生也可以根据经验来判断是否安装心脏支架，以起到预防作用。但有些医生认为，心脏支架手术作为一种侵入性的心脏手术，不到万不得已，不能轻易做，否则弊大于利。此次大型研究或许可以为这个争议画一个句号。

这项研究的学术带头人，约翰·斯珀图斯（John Spertus）说："对于那些有心绞痛的患者，我们的研究结果表明，药物治疗和改变生活方式同样安全，但如果症状持续得不到改善，再考虑侵入性（包括心脏支架手术在内的）治疗方案。"

以我的理解就是：做心脏支架手术要慎重，不要把它当作术到病除的神奇医疗技术。你必须了解：这项大型研究还证实了心脏支架手术存在一定的心脏损伤风险，在做之前，务必和医生仔细讨论该手术是否真的有必要。

最后还有几句我个人的感受。最近这几年，我关注医学界的科研成果越多，对过度医疗的感受就越强烈。过去缺医少药是影响国民健康的第一杀手，但随着时代的进步，医学的发展，又冒出了新问题。我思考这个问题始于研读国内外关于抗生素滥用的论文，然后陆续发现"过度医疗"现象不仅存在于抗生素领域，在其他很多领域都存在。不管是欧美发达国家还是我国，这个现象都开始被越来越多的研究者关注，越来越成为一个我们不得不重视的社会问题。

在我们为心脏支架费用骤降高兴的同时，也别忘了提醒自己：过度医疗同样劳民伤财，请大家保持理性，不要把心脏支架当保健品来用，误以为可以药到病除、没病防病。其实也根本不存在这样的保健品。

第 五 章

预言家的科学修养

区块链和比特币的未来前景到底怎么样

区块链这个词是一年比一年热啊，我估计大多数人都是听着耳熟，但是并不理解到底什么是区块链，好多人以为是某种跟物流有关的东西呢。

没有一定计算机基础的同学，你就算是去查各种百科，我估计一时半会儿你也弄不明白区块链是啥概念，和比特币的关系又是什么。

其实呢，区块链是一种去中心化的理念，这种理念要实现必须借助互联网信息技术，因此，区块链也可以说是一种技术，但本质上是一种理念上的革新。而比特币就是这种理念的一个具体应用。打个比方来说，区块链就相当于电子商务，你想想二十年前，有几个人搞得懂什么是电子商务，它本质上也是一种理念，只不过这种理念必须要借助一定的技术手段来实现。而比特币就相当于淘宝网，是电子商务的一个具体应用而已。

所以，我们要理解什么是区块链，必须要先理解什么是"去中心化"。我举两个例子来帮助你理解：

第一个例子是从网上下载电影。最早的时候，我们下载电影都是到一些知名的电影下载网站上去下载，这些网站会把电影文件存放在一台或者一组服务器上，大家都访问某台服务器下载影片。这就叫中心化。在这个游戏规则中，电影网站的服务器就是中心，每一个下载电影的人只不过是这个中心拉出来的线而已。中心化的游戏中，玩家的地位是不平等的，网站主占据绝对强势地位，他想让你们下载就下载，想给你们限速就限速。后来，一种去中心化的下载模式出现了，这就是 BT 下载，也叫 P2P 下载，现在我们一般讲到 P2P 指的都是那种个人借贷的网站，但是最初的概念是从 BT 下载来的，P2P 就是个人到个人，点到点。BT 下载的原理与电影网站完全不同，影片并不是存在某个服务器上的，而是大家互相从网络上的每一个人那里去下载这个影片的一小部分，最后拼成一个完整的文件。在这个游戏中，所有玩家的地位是完全平等的，任何一个玩家都可以随时离场、随时加入，只要这个游戏还有人在玩，整个游戏就能够正常运行，没有任何一个人有什么特别的权力。这就叫去中心化。

第二个例子就是我们每天都在使用的银行卡或者支付宝这些支付手段，现金我们先抛开不谈。我们用无现金的方式支付人民币买东西，就是一个中心化的游戏。它的中心有好多级，比如，支付宝的服务器是第一级中心，支付宝资金的托管银行工商银行、中信银行的服务器就是第二级中心，这些银行的再上一级中心就是中国人民银行的服务器。在这个游戏中，不同级别玩家的权力、地位是不平等的，最大的 Boss 当然是央行，它甚至能发行货币，它的权力可以大到分分钟就把我们的钱全部抢光，很简单，它只要突然增发货币就可以了，物价突然上涨 100 倍，我们的钱就等于被抢光了。那货币游戏能不能像下载一样也去中心化呢？也是可以的，比特币系统就是这样一个去中心化的货币游戏系统，你可以把它看作一个大型的货币实验。

比特币有两条核心规则。第一，它的货币发行不是由某个人说了算，而是一个公开寻找随机数的算法，每找到一个符合要求的随机数，就相当于挖到了若干个比特币，谁都可以去算随机数，绝对公平，谁也做不了弊，因为这个算法本质上就是一个个数字去凑，凑出一个算一个。第二，比特币的交易信息不是记在某一台服务器上的，而是所有参与这个游戏的玩家电脑中一人一份，同步记录，这种交易记录理论上是无法篡改的。这样一来，这个游戏中的所有玩家的地位和权力就是完全平等的，几乎没有任何一

个人是特殊的。为什么要加上"几乎"两个字呢？因为，毕竟有能力挖比特币的那些矿主还是有点特殊的，但这种特殊性并不是太大，而且矿主也没有任何壁垒，只要买得起好电脑，谁都可以当矿主。

不得不说，比特币的这个设计非常之妙，妙不可言，它的发明人，神秘的中本聪确实是个大聪明。

理解了去中心化，你就等于理解了区块链，区块链就是一种去中心化的理念，通过游戏规则的合理设计以及强大的信息系统的保障，只要我们设计出一个游戏是去中心化的，就可以称为区块链。比特币系统就是区块链理念的一个优秀示范。不夸张地说，我觉得这是一场互联网的理念革命，是人类的又一次平等化革命，上一次是打破了人与人之间在身份地位上的不平等，这一次是打破了游戏规则本身的不平等。正因为这样，区块链才能激发人们如此大的热情，这是一个听上去可以颠覆一切旧规则的新生事物。

然而，话锋一转，在我看来比特币系统并不是一个成功的区块链应用。因为从我前面介绍的比特币两条核心游戏规则就知道，它有以下这些天生的缺陷：

第一，比特币客户端软件需要巨大无比的存储空间，因为每一个人的电脑上都必须记录下从比特币系统诞生的第一天起所有的交易记录，现在这个交易记录文件已经有一百多个 G 那么大了，而且只会增加不会减少，玩的人越多，增长得越快。

第二，为了防止有人作弊，比特币系统有一套很复杂的游戏规则来确保交易记录是真实的，这样就导致每一笔交易的确认时间最少也要一个小时，甚至几天。你想想吧，如果用比特币去街边买杯奶茶，会是什么情况。

第三，最多只有 2100 万枚比特币，而且，无论有多少人在挖矿，系统规则决定了平均每 10 分钟才能一次性产出若干个比特币。我想起了那句话：人民群众日益增长的比特币需求与比特币总数不充分之间的矛盾。

为了解决前两个缺陷，比特币的矿主们联合了起来，在 2017 年的 8 月又搞出了一个所谓的"比特币现金"，也就是 BCH 分支，具体规则不介绍，总之，鱼和熊掌不可得兼，虽然 BCH 分支克服了前两条缺陷，却是以部分丢掉"去中心化"这一核心理念为代价的，那么，没有了"去中心化"的理念，比特币也就失去了区块链实验的伟大意义，甚至有人认为，BCH 分支的出现已经表明这场实验的失败。

所以，我的观点是，比特币作为数字货币是没有未来的，它目前也只是一种投资品，就跟你投资股市是一样的。

但是，比特币不能代表区块链，区块链也不是比特币。区块链在未来可以有哪些应用呢？

首先，公证的形式将发生彻底的变革，我们既可以说不再需要公证处了，也可以说，公证将变得无处不在，也将变得极为方便。在我的想象中，未来我们做任何事情，只要是利用个人电脑或者手机，以电子的形式处理的，我们都可以很简单地一键设置为是否需要区块链存证。这很可能成为我们手机或者电脑中的一个设置选项，打开之后，我们撰写的每一份文档、拍摄的每一张照片、每一个视频，都会在区块链上保存一份唯一的哈希值。我觉得你很可能会低估这件事情对未来生活的影响，你需要细细品味一下。

其次，所有你能想到的第三方信用机构都将被区块链消灭或者自我革命。比如说，各种证明，什么出生证明、结婚证明、亲属关系证明、学历证明等，将不再需要由政府或者第三方机构作为信用担保来发证。一个人一出生，他的出生信息就会存在区块链上，不可能被改动。我们在生活中的所有轨迹信息，都会以区块链的形式固定下来。今天的人听到这些，或许会觉得有点儿恐怖。其实，这就跟几十年前的人听到我们今天所有的出行、住店甚至消费信息都会被保存下来一样恐怖。几十年前的人，听说今天走在城市中的任何一个地方，都会被至少一个摄像头录下来，估计他会吓得不敢出门。

区块链技术必然会逐渐融入我们的日常生活，今天的人们觉得恐怖的事情，未来的人可能会觉得习以为常，人类的伦理道德规范总是会被技术重塑，每个时代的人都会对未来的科技感到忧心忡忡。注意，这里我并不是观点陈述，而是事实陈述。

我觉得用举例的方式来讲解未来区块链技术的具体应用并不是一个最佳的方式，这就有点像 30 年前用举例的方式来说明互联网有什么用一样，这样去思考问题，格局有点儿小。我们一定要从宏观上来思考这个问题，在未来，世界上存在着一条不隶属任何国家且不可更改的信息长链，任何人都可以将电子信息存放到这根长链上，随时都可以调取，当然，不可能是随意调取，一定会有相应的法律法规出台。区块链会成为互联网上的一个基础设施，几乎所有的行业或多或少都要用到它。医院用它记录病历，学校用它记录学历，公司用它记录所有的合同，税务局用它记录纳税信息等。我们与其思考什么行业会用到区块链，不如思考什么行业不需要用到区块链，这才是正确的思考方式。

中国要造出好芯片为什么要从娃娃抓起

2018 年 4 月 16 日，美国的商务部下达了对中兴长达七年的禁售令。禁售包含两个部分。一是禁止美国公司向中兴公司出售任何有技术含量的软硬件，准确地说这个出售是广义的，免费赠送也算是出售，用商务部的原话就是不得订购、买卖、使用、送交、存储、交易、转让、运输，包括开源的安卓系统中兴也不能用，因为安卓是谷歌的，说得通俗点就是只要是美国货，中兴公司连碰都不能碰。二是中兴公司的产品不能在美国销售。可能大家没想到，2017 年的最新数据显示，中兴的手机是墙内开花墙外香，中兴手机在美国的市场份额排名第四，占 11.6%，排在苹果、三星、LG 之后，排名第一的苹果大约是中兴的三倍，中兴手机在美国的出货量大约是 460 万台。禁令是即时生效的，所以也就意味着，从禁令下达的当天开始，中兴原计划销往美国的手机瞬间就变成几乎不值一文的库存了。这个打击对中兴来说是休克性的，中兴的股票也马上停牌了。据说在中兴工作的八万名员工瞬间不知道该干什么了，当然这是比较夸张的说法，中兴的产品线也并不是完全依赖美国。我相信在这种公司的危难时刻，一定还是会有大量的中兴员工同心协力、共渡难关的。

那这次美国人为什么下手这么狠呢，原因到底是什么？根据美国商务部的文件，他们指责中兴公司违反了 2016 年与美国商务部的一份调解协议，当时中兴公司因为违反了所谓的转售禁令，被美国商务部抓住了把柄，实施了 8 亿多美元的处罚，其中有 3 亿美元缓期执行，但前提是中兴公司要承诺做到很多事情，如果不能做到，那就会遭到长达 7 年的禁售令。然而中兴公司只是没有按照协议规定扣除 35 名员工的奖金，就被美国商务部作为证据，下达了禁售令。欲加之罪何患无辞，大致来说就是这样一个过程。我相信具体过程肯定是非常复杂的，中兴公司也一定会有自己的理由。那这中间的是非功过我没有资格去评说，我只是把事件的背景交代一下。

我想这件事情给很多并不理性的爱国者上了一课，那些整天用一种很极端的方式号召抵制美货的人在我看来并不十分理性，这次事件就告诉他们，有些产品，我们买不到才是更大的悲剧。我们总不能一边高喊抵制美货，一边又骂美国人不卖东西给我们吧，这种情况是很矛盾的。

同时，这件事情也让很多普通的中国人吃了一惊，原来在市场经济中，顾客也并不总是上帝啊。可能有很多人觉得现在这个时代甲方都是腰杆子最硬的，谁有钱谁就有底气，只有卖货的求着买货的，哪有买家求着卖家的道理呢。在我们作为个人的日常消费中，确实是这样。但是在世界贸易的大格局中，尤其是涉及高科技产品的贸易中，其实并不都是这样。

大家可能不知道，很多中国公司，包括中兴、华为这样的大公司，拿着钱去买美国、德国、日本等国家的高技术含量的产品时并不容易，有时候还要通过一些有活动能力的中间人才能买到。即便买到了，也必须签署非常多的附加条件。但也有很多情况下，我国的公司费了很大的周折，填写了大量调查表格，受尽了屈辱后，人家回一封邮件，写道：很抱歉，我们不能将该产品卖给贵公司。有时候，中国的公司花很高的价钱去收购国外一家负资产的公司，可能就是为了这家公司拥有的某一台先进的设备或者某个有研发能力的团队。我们经常说，钱买不来知识、人品、气质等非物质层面的东西。实际上，有时候，连物质层面的科技产品也是没法用钱买来的。其中，最最重要的高科技产品就是芯片——一块小小的集成电路。它的原料就是一把沙子，提纯成单晶硅后，在上面刻上成千上亿个半导体单元，这就是我国现在面临的一道高高的技术门槛。如果我们不能自己迈过去，就有可能遭到别国一剑封喉式的打击。

芯片到底是怎么做出来的呢？一块芯片的诞生，要经历设计、制造、封装、测试四个阶段，缺一不可，越是前面的步骤技术含量就越高，越往后就越容易一些。

中国和美国目前最大的差距就在芯片的设计上，这种差距是全方位的，不但有技术本身，还有美国先发的专利保护优势。芯片设计本身又要分成很多个层次，最基础的层次就是指令集架构，相当于建楼房的基本框架结构，这种框架结构目前基本上都掌握在欧美国家。在框架结构上继续细化的设计，中国和美国、日本、德国的差距也很大。如果从销售额上来说，中国的紫光公司是中国最大的芯片设计企业，可是它目前也仅仅具备设计内存芯片的能力。从先进性上来说，华为的海思麒麟芯片是中国自主研发的最高成就了，不过，它依然是建立在国外 ARM 框架下，当然用别人的框架还有很多其他复杂的因素，并不仅仅是技术因素，但技术因素也是最重要的因素之一。还有，麒麟芯片中至关重要的数字信号处理器 DSP 买的是美国得州仪器的技术，华为还研发不出替代品。所以，如果美国对华为也禁售，那么理论上，华为的麒麟芯片也无法生产了。除了手机芯片我们勉强还能算有自主研发能力外，其他广泛使用的民用领域芯片，例如 CPU、GPU 等，我们几乎都还是空白。

芯片的设计图出来了，就要进入制造环节，如果制造技术跟不上，设计得再好也不行。衡量制造水平的高低有一个最重要的参数，就是芯片半导体单元的密度，这个一般用多少纳米来衡量。该领域最强的是美国、中国台湾和韩国。中国大陆目前具备的最先进的生产线是 28nm 的，但是国际最先进的已经到 5nm 了，我们还与国际先进水平有至少两代的差距，我这还是用的中国最好的水平跟国际上的平均水平比，如果跟它们最先进的比，那差距就更大了。总之，我们在制造领域的差距，业内人士都知道，也是非常巨大的。

相比设计和制造，我们在封装和测试这两个环节上的差距倒是不大，甚至在工厂规模上还远超美国，但工厂规模还是不能代替技术，用到的设备和技术依然严重

依赖进口。

　　总之，如果大家看到有些乐观主义的文章说，设计制造芯片也没什么了不起的，技术没那么神秘，只要愿意投入研发资金，搞出来并不难，这么说是不客观的，如果真这么容易，我们早就搞出来了。

　　有些人在谈论中国的成就和世界的地位时，往往眼里只有 GDP，尤其是在谈到日本时，总是拿 GDP 来嘲笑它发展停滞了。可是，如果从科技的发展来看，日本并没有停滞。我觉得，我们在对待发展这个问题上，也需要一次认知升级，不能再只盯着 GDP 来与世界各国比较了，我们还要跟它们比全民的科学素养、科技企业的软实力、科研体制的活力和全民对科学活动的重视程度。

　　在这次中兴事件后，我也看了大量的评论文章。有两种倾向我都是反对的，一个是速胜论，认为我们只要拿出铁人的牺牲精神，不怕苦不怕累，咬紧牙关就能在三五年内打破国外的技术垄断。另一个是亡国论，从一个芯片技术的落后就全面否定我国这三十年来在科技发展上取得的所有重大成果。我国的军事技术、航空航天技术、巨型计算机、量子通信、超级工程建设技术等，都实打实地取得了巨大的进步，该有的自信我们绝不能丢掉。但是，我其实心里很清楚，喊口号最没有实际作用。

　　芯片很难做，无论是设计、制造还是封装，都有非常高的技术含量，也没办法靠几个归国的高级人才就能解决。它是一个国家综合科技实力的体现，是一个国家在厚厚的土壤上才能生长出来的花朵，要想造出好芯片，要从娃娃抓起。全民科学素养就是这层厚厚的土壤。我们与美国的真正差距就是这层土壤的差距。

　　面对中兴禁售事件，有些人高喊着口号，有些人痛骂着国民劣根性。也有一些人，默默地咬紧牙关，用自己力所能及的点滴工作为我国的科技发展做着贡献。而我，通过中兴事件，越发感到自己正在进行的这项科普事业的重大意义。我虽然不能直接为中国今天的科研起到促进作用，但是我在做的是默默地耕耘土壤的工作，或许，明天中国取得的科技成就会有我的点滴贡献。我今天就像是一个农民，为了这片土壤的肥沃，辛勤地翻土、浇水、施肥，这些工作说实话并没有太多的技术含量，只是一些体力活，但这种工作也必须要有人做。一片茂盛庄稼的诞生，每一个环节都需要做好。

而你作为我的读者，或许正在树立世界观的过程中，或许正在选择未来攻读的方向，也或许是年轻的父母，我想，我们都少喊一些口号，少骂几声娘，咬紧牙关，志存高远，或许我们今天的努力，可以让中华民族的伟大复兴早一秒到来。

"全球变暖"一说是 IPCC 的阴谋? 别逗了

2018 年 10 月 8 日,联合国政府间气候变化专门委员会(简称 IPCC)发布了一份正式报告。这份报告全名为《IPCC 在加强全球应对气候变化威胁、实现可持续发展和努力消除贫困的背景下,关于全球升温高于工业化前水平 1.5℃的影响和相关全球温室气体排放路径的全球升温 1.5℃特别报告》。天哪! 名字真够长的,后面我就简称"报告"了。那这份超长名字的报告到底说的是什么呢? 是这样的,IPCC 警告说:在过去的几十年中,全球平均气温已经上升了 1℃,带来的后果是已经显示出更多的极端天气、海平面上升、北极海冰明显减少以及其他生态和环境变化。IPCC 第一工作组联合主席,中国人翟盘茂先生特别强调了,人类应该将全球气候变暖限制在 1.5℃,而不是我们之前认为的 2℃,只有这样,才可以避免一系列气候加速变化。如果目标能达成,那么全球海平面上升将减少 10 厘米,北极冰川消失的情况会从每十年一遇降低到百年一遇,珊瑚礁将从可能会消失殆尽,减少到消失 70%~90%(不过这个数字也够可怕的了,看来我们的下一代是很难有机会看到活着的珊瑚了)。同时翟盘茂先生还指出:"温度每升高一点都非同小可,特别是升温 1.5℃或更高的情况下,会增加长期、不可逆转的生态环境相关的风险。"在第一工作组联合主席翟盘茂表态之后,第二和第三工作组联合主席也补充说明了减少二氧化碳排放对于全球气候变暖的重要性,并呼吁各国减少二氧化碳排放,对控制全球气候变暖采取措施。

每当这种新闻出来的时候,朋友圈就会流传两种类型的文章。一类是各种知名的科普公众号发的,呼吁大家关心和重视 IPCC 的报告解读文章。另一类则刚好相反，一些知名的非科普类公众号或者非知名的科普号，会发文说 IPCC 的阴谋又来了，帝国主义亡我之心不死，利用全球气候变暖谎言试图阻止中国的发展。这是目前社会上流传很广的一种阴谋论的说法，认为 IPCC 是一个有政治企图的组织，靠编织谎言来达到目的。所以 IPCC 所说的一切东西都不可信。真的是这样吗？

那么我们先来了解一下 IPCC。IPCC 全名为政府间气候变化专门委员会，它是联合国环境规划署和世界气象组织于 1988 年建立的国际机构，主要工作是评估全球气候的变化。通过什么方式来评估呢？不是自己做研究，而是通过文献综述的方式，也就是像我们这些做科普的人一样，查阅全世界所有权威期刊发表的论文，然后进行综合分析评估。当然，他们这种专业干文献综述的机构，肯定比我们专业得多，我可以从他们的报告中学习到非常多的文献综述的知识。这也就是说，他们自己并不成立研究机构去检测气候相关数据与实时参数。也就意味着，它没有这个能力编造气候变暖的实际数据，它的报告中的所有数据都有出处来源可供查询。

它的成员资格对联合国的所有成员国开放，目前就有来自 195 个不同国家的成员。所以它的确有着科学性和政府协作的性质，能够提供严格而平衡的科学信息，但其政策保持中立，不具有政策强制性。值得注意的是，刚才报告中提到的第一工作组联合主席翟盘茂先生正是来自中国。

比如这次发布的报告，是由 44 个国家的 91 名作者署名，他们分别居住在 40 个国家。而此份报告更是引用了超过 6000 份文献，有超过 42000 条专家和政府评审意见。由 17 名编辑进行了评审。可以看出这是多么浩大的工程，当今的人类社会已经形成了一个非常复杂的协作网。如果一个阴谋需要许多人参与或知晓，同时针对的也是许多人，那它就很难不在短时间内被发现。所谓做阴谋难，做许多人参与的阴谋更难，长时间做许多人参与的大阴谋而不被发现那几乎不可能。

我经常告诉大家，科学思维中有一个很重要的举证责任的概念。IPCC 说全球气候变暖，并且后果严重，它当然有义务举证，但是它没有义务举证这不是阴谋。只有指控阴谋论的人有责任举证，而不是张口就来，说 IPCC 是政治组织，所有的报告都有政治企图，这种说法本身就不是举证，而是扣帽子了。

　　用科学的眼光看，许多阴谋论是明显缺乏依据的。但是人相信阴谋论其实可以从我们的祖先那里找到原因。人类的祖先在他们的生存环境下，选择不需要依据的，不需要多动脑的，不需要求证的事情来相信，是十分经济的，可以说是一种生存优势。而这样的人群也是更容易被阴谋论蛊惑的。这里并不是说信阴谋论的人傻，相反是说每个人可能都或多或少地相信着某些阴谋论，这是从祖先那里继承来的，是写在我们的基因中的。但是到了现代社会，阴谋论的思维方式恐怕就越发难以产生更经济的生存优势了。在现代社会，面对重要的事有独立思考，不人云亦云，更愿意求真务实的人，才更具备生存的优势。所以，我们可以预见，或许再过个几万年，相信阴谋论的人反而会成为少数人。

　　说回关于全球气候变暖的争议。和其他众多带有阴谋论色彩的争议类似，这不只是科学问题，其中还有不少是政策博弈问题。我们可以用这样一种比喻：假设你所在的城市，人们都开着空调，室内都很凉爽的同时，室外已经达到 35℃ 的高温，难以忍受。而人人都知道，如果大家都关掉空调，或者把空调温度上调到合理的 26℃，那么减少的排放，可以

让室外温度降低到 32℃ 的相对合理水平。但问题来了，谁先做呢？做多少呢？这大体就是世界各国围绕减排控温博弈的一个焦点，也使这类带有"囚徒困境"色彩的博弈难以解决。所以虽然全球气候变暖的证据一再被科学界提出，但落实到政策行为上，各国都迟迟没有大刀阔斧地"率先调整空调温度"，这也给一些民间的阴谋论制造了土壤，任由全球气候变暖的恶果发生，冰川融化，海平面上升，一些岛屿和沿海城市被慢慢淹没，从微生物到大型生物乃至整个生态链被破坏。

也许有些人觉得这与自身无关，北极熊和海豹的消失与我有什么关系呢？想想也是，地球上的物种灭绝 80% 以上的情况已经出现过五次了。但那些都不是我们人类造成的，那时候人类都还没出现。而如今我们已经出现在这颗星球上。我们需要它的环境稳定、健康，我们关注和重视 IPCC 的报告，归根结底并不仅仅是为了动物和地球生态，我们最终要拯救的是我们人类自己。下次如果你再在新闻节目中听到"两国领导人就全球气候变暖问题交换了意见"就知道那绝不是一句无关痛痒的话，而是关系到人类未来命运的大事、实事。

全球气候变暖早已不是什么天方夜谭，也从来不是什么政治阴谋，而是正在发生着的事，这件事关乎人类未来的整体命运。有些人的人生观是，哪怕洪水滔天，只要不是发生在自己身上的事情都漠不关心。说实话，我并不想批评这样的人生态度，这也是一个人的自由，我尊重每一个人的想法和三观。我唯一能做的，只是通过我的文章呼吁更多的人能关心我们的子孙后代。就如同父母关心我们的未来，我们关心子女的未来一样。要把"子孙后代"这个词真真切切地当作未来的一个个有血有肉的后人那样去关心。有些人可能认为关心有什么用啊，我一个普通人，关心又能怎么样呢？不是的，关心就是有用的，人人都关心就能影响到公共政策的制定，影响到政府的决策。甚至，你只要看了这篇文章，知道了 IPCC 的警告，就已经有用了。

专治"杠精","喷子"克星！罗伯特议事规则了解一下

互联网诞生后出现了两个新名词："杠精"和"喷子"。大家有没有想过："杠精"和"喷子"为什么会遭人讨厌呢？你可能会说："杠精"很烦，不讲道理；"喷子"说话很脏，影响心情。这个问题的实质是议事规则。交通法规可以保障交通安全，议事规则可以保证议事的效率。

目前国际上比较通行的一种议事规则叫作：罗伯特议事规则。作为现代人，我们真的有必要学习了解一下这个议事规则，它让不同群体之间交换意见、达成和谐有了可能。

先说一下罗伯特议事规则的历史。

亨利·马丁·罗伯特（Henry Martyn Robert）是 18 世纪美国的一位将军，他制定了这个规则的最初版本。现在罗伯特议事规则已经修订到了第 11 版，被各国政府广泛采用。而最早把罗伯特议事规则引入中国的就是孙中山先生，并且孙中山先生还把罗伯特议事规则的思想写进了他的《建国方略》中。

经过 100 多年的演化，现在中文版的罗伯特议事规则已经有 600 多页了，而英文版更是超过了 1000 页。想在这篇文章中把它的所有内容讲解一遍是不可能的，其实也没有必要。因为罗伯特议事规则的核心思想并不复杂，甚至可以说相当地简单好懂。有人把它总结为 20 个字——通过"权力公正、充分讨论、一时一件、一事一议、多数裁决"的原则去解决争端。下面，我将扔掉那些文绉绉的术语，把罗伯特议事规则最核心的一些原则用比较通俗的方式讲一下。在任何场合与人讨论问题时，心中始终

不忘罗伯特议事规则，会让你显得非常有风度。

首先，议事规则中有一个主持人的角色，主持人的基本职责是按照规则推动流程。他自己不能发表意见，也不能对别人的发言有自己的倾向。这很好理解，就像一场足球比赛要有裁判，裁判的判罚一定要有理有据，要不偏不倚，否则就会被骂"黑哨"。而一旦确定了主持人，辩论双方就要遵守主持人的裁判。当流程出问题时，主持人也会站出来维持秩序。主持人还有一个职责就是保证一次只讨论一个问题，只有当一个话题讨论完毕后，才能讨论下一个话题。这就像我们看法庭剧，经常听到法官说"反对无效，此问题与本案无关"，这就是"一事一议"的原则。假如网上在讨论的是甜豆腐脑好吃还是咸豆腐脑好吃时，有个人跳出来说他喜欢吃辣的，这就不符合"一事一议"的原则，这里我们只讨论甜和咸的问题，不涉及别的口味。

其次，对于辩论双方，保证文明发言是一个最基本的要求，不能搞人身攻击，不质疑发言者的动机。一言不合就骂别人没脑子，人品不行，或者挖别人的黑历史，用摧毁人设的方式来攻击对方的观点，这些都是不够文明的表现。

发言时要先说明观点或表明立场，再说明理由。这一方面是防止自己跑题，不能说了一大堆，结果连自己想表达什么都不知道；另一方面也是明确自己的态度，让主持人和所有的听众都清楚地知道自己的观点。你不能在发言时说，你觉得咸豆腐脑还不错，甜豆腐脑也好吃，这就不知道你究竟是支持哪一方了。在议事规则中，是不能和稀泥的，要是和稀泥就没必要进行讨论了。

发言过程中，任何人发言前都需要先示意主持人，得到主持人的允许后才能发言。主持人也会尽量平衡双方的发言机会，轮流让双方发言。这里有一点需要你注意，发言时发言人不能对着和你意见相反的一方，而要对着主持人，也就是参与讨论的人之间不能直接辩论，只能与主持人沟

通。这样做的好处显而易见：发言时不容易带有情绪。现在英国议会仍采用这种方式讨论议题。此外，不能打断别人的发言，发言的时间也不能太长，每个人对于一个话题的发言次数也有限制。这就保证了每个人都有表达自己观点的机会，但也不能因为自己的发言影响别人的权利。

最后，表决需要充分讨论后方可进行，以保证每个人的每个观点都已经阐释清楚了。美国建国的立宪会议上，13 个州的代表足足开了四个月的会议，就是为了保障每个州的观点得到完整的阐述。而最后表决的基本原则是少数服从多数，弃权者不计入有效投票，平局表示这个表决没有通过。

这里要强调一点，议事规则追求的是"程序正义"而不是"实质正义"。一般情况下，程序正义可以等于实质正义，只有在一些极特殊的情况下，程序正义不一定能和实质正义画上等号。如果你感兴趣，可以去了解一下美国的"辛普森杀妻案"，这个案件就很好地说明了程序正义和实质正义的区别。但毕竟日常生活中，像那样的极端情况十分罕见。遵守议事规则可以有效避免一个人的片面性和主观性。通过将问题细化，就像编写程序一样一环套一环，通过多轮的协商和讨论而不是吵架去解决问题，最终达成一个共识。

当今世界，无论是联合国大会、各国国会的议事程序，还是上市公司、私人团体等的议事章程，所遵循的规则多多少少都有罗伯特议事规则的影子。而对于普通网民来说，大家如果在网络话题上能够像玩桌游遵守规则一样，用逻辑和证据而不是情绪去和别人沟通，可能就没有那么多的"杠精"和"喷子"了。

我们应该尊重与自己持不同观点的人，遇到与自己持不同观点的人少一些戾气，多一些耐心，这才是社会主义和谐社会。

附：罗伯特议事规则的 12 条基本原则

第 1 条 动议中心原则：动议是开会议事的基本单元。"动议者，行动的提议也。"会议讨论的内容应当是一系列明确的动议，它们必须是具体、明确、可操作的行动建议。先动议后讨论，无动议不讨论。

第2条 主持中立原则：会议"主持人"的基本职责是遵照规则来裁判并执行程序，尽可能不发表自己的意见，也不能对别人的发言表示倾向（主持人若要发言，必须先授权他人临时代行主持之责，直到当前动议表决结束）。

第3条 机会均等原则：任何人发言前须示意主持人，得到其允许后方可发言。先举手者优先，但尚未对当前动议发过言者，优先于已发过言者。同时，主持人应尽量让意见相反的双方轮流得到发言机会，以保持平衡。

第4条 立场明确原则：发言人应首先表明对当前待决动议的立场是赞成还是反对，然后说明理由。

第5条 发言完整原则：不能打断别人的发言。

第6条 面对主持原则：发言要面对主持人，参会者之间不得直接辩论。

第7条 限时限次原则：每人每次发言的时间有限制（比如约定不得超过2分钟）；每人对同一动议的发言次数也有限制（比如约定不得超过2次）。

第8条 一时一件原则：发言不得偏离当前待决的问题。只有在一个动议处理完毕后，才能引入或讨论另外一个动议（主持人对跑题行为应予制止）。

第9条 遵守裁判原则：主持人应制止违反议事规则的行为，这类行为者应立即接受主持人的裁判。

第10条 文明表达原则：不得进行人身攻击、不得质疑他人动机、习惯或偏好，辩论应就事论事，以当前待决问题为限。

第11条 充分辩论原则：表决须在讨论充分展开之后方可进行。

第12条 多数裁决原则：（在简单多数通过的情况下）动议的通过要求"赞成方"的票数严格多于"反对方"的票数（平局即没通过）。弃权者不计入有效票。

第六章

谣言离我们有多远

世界卫生组织到底有没有定义过"亚健康"

2019 年 3 月 3 日，我在"知识分子"的微博上看到他们发了这样一条微博：

很多人都熟悉的"亚健康"被打假了！知名科普博主 @ 松鼠云无心在周六下午的海绵演讲上提到，"亚健康"其实是中国商人为了卖保健品造出来的词。他还说，人们虽然都说自己信科普不信商家，但常常经不起商家忽悠，比如他们会把"如果缺乏了某种营养成分，就会导致某种症状"，偷换成"补充这种营养成分，就能预防这种疾病"，于是人们就纷纷为保健品买单了。面对保健品，要坚信如果保健品自称能治疗，那就是违法的。

差不多过了一小时，云无心在微博上也发文说：

@ 知识分子转发了我对"亚健康"的吐槽，说世界卫生组织没用过这个概念。一群人搜出"英文资料"来杠，但他们搜出的第一条英文维基百科里的内容是这样的（注意画线部分）。至于其他的英文资料，能不能也看看作者的背景呢？

云无心所指的画线部分就是维基百科上关于亚健康词条的，上面写道：亚健康是中国人广泛使用的一个词，和中国传统医学有关，有些人认为亚健康的概念之所以会被造出来就是为了向人们兜售医疗产品。

当我看到这两条微博时，觉得很有兴趣去考证一下其中的缘由，一定非常有趣。我首先去百度百科查了一下亚健康这个词条，上面是这样写的：

2007年，中华中医药学会发布了《亚健康中医临床指南》，从中医的角度对亚健康的概念、常见临床表现、诊断标准等进行了明确描述，产生了较为广泛的影响。中华中医药学会发布的《亚健康中医临床指南》指出：亚健康是指人体处于健康和疾病之间的一种状态。处于亚健康状态者，不能达到健康的标准，表现为一定时间内的活力降低、功能和适应能力减退的症状，但不符合现代医学有关疾病的临床或亚临床诊断标准。

看完了百度，我们再来看看谷歌的搜索结果。输入关键词sub-health或suboptimal health，再结合英文维基百科和中文维基百科上的词条，对亚健康大概是这么解释的：

在中国大陆，亚健康是指人处于健康和疾病之间的一种临界状态，人的心理或身体处于混乱，但并没有明显的病理特征。这个词语起源于中国，并只在中国流行，在国际间并未使用。

云无心说世界卫生组织从来没有发布过有关亚健康的定义，为此我也专门搜索求证了一下，确实我在英文维基百科中没有找到世界卫生组织发表过关于亚健康确切定义的信息，但中文维基百科提到了在大陆医学生本科教材，具体是人民卫生出版社2013年3月版的《病理生理学》一书中有关"亚健康"的章节中，书上有这么一段话：世界卫生组织的一项调查表明，人群中真正健康的人约占5%，患疾病者约占20%，而处于亚健康状态者约占75%。

来自教科书上的话当然就值得重视了，一般来说，教科书都是比较优质的信源。而且，这句话被引用的次数很多，比如在搜索结果中，就有来自搜狐网的文章：《75%的人处于亚健康状态！别把亚健康不当回事儿！》。这里的 75% 的数据显然就是来自那本教科书上的数据。

这就让我更加好奇了，"亚健康"这个词到底是否得到了世界卫生组织的认可呢？经过一番努力，我在谷歌以 sub-health 和 WHO 为关键词组合搜索，并没有搜索到世界卫生组织发表过的关于亚健康的明确信息，既没有确切定义，也没有什么统计调查。定义都没有，当然也就不会有多少人是亚健康状态的调查报告了。不过，如果你在必应上同样以 sub-health 和 WHO 为关键词搜索，会发现首页返回的明确信息是：世界卫生组织将亚健康状态定义为健康和疾病之间的状态，所有生理和化学指标正常但人感觉到不适甚至痛苦。点进这条信息会发现发布者是位于美国加州森尼维尔市的炎黄中医研制中心。

如果把世界卫生组织的全称 World Health Organization 和 sub health 放在一起在必应上搜索，结果完全相同，但这次发布信息的是一家名为"草药之道"（tao of herbs）的英文网站。

我想，到这里，我基本上弄清楚了来龙去脉。所谓的世界卫生组织发布亚健康数据的真相是，某个海外的英文中医药网站首先造了谣，然后这个谣言再被国内的网站引用，就成了来自英文世界的消息了。至于为什么造谣，我猜是为了推销针对亚健康的保健品或医疗服务。其实我平时也不太用必应，但是如果你发现人群中突然有一种说法兴起，比如在微博上就有不少人说亚健康是世界卫生组织提出的，还说这是英文搜索得到的确切信息，那么，很可能这个消息就来自必应。我提醒大家，如果可能，尽量多用几个搜索引擎，获得的信息也会更多元，能帮助你去伪存真。

我让小编牛牛以"亚健康"为关键词帮我在论文库中搜索一下。

牛牛查到的论文大都来自中国的学者，发布在一些开源期刊上，有一些还经过了同行评议。比如有一篇论文发表在《英国医学会公共卫生》（*BMC Public Health*，这本虽然不是核心期刊，但有同行评议，是全球最大的公共卫生开源期刊），这篇论文给亚健康设定了具体的数值，但这个定义是研究小组自己设置的，并未得到权威机构的认可。

不过还是可以作为一种参考，这个定义说，BMI 指数 ≥ 25 或男性腰围 ≥ 102 厘米，女性腰围 ≥ 88 厘米；血压收缩压在 120～139 毫米汞柱，舒张压在80～89毫米汞柱，结合其他一些诸如血脂、总胆固醇、血糖、肝肾功能指标，符合某些条件的人就被认为是处在了亚健康状态。论文还提出中国中部地区的亚健康人群占比较高。看完之后，我是这么想的：首先，能定量就是一种进步，有明确的指标对于诊断疾病是必要的。其次，通篇看下来，研究人员对亚健康的划定只有2条：1.肥胖，2.指标就快超过正常值。但这就是亚健康吗？比如国内高血压的判断标准一直是高压≥140毫米汞柱，低压≥90毫米汞柱，但是如果按照这篇论文的定义，假如一个人高压135，低压85，就可以被判定为亚健康。这个逻辑是否成立，我不是医学专家，不能下判断，但起码定量在我看来确实是进步的，能经过同行审议的论文也是具有参考性的。

而另一篇发表在《英国医学杂志开放版》（BMJ Open）上的论文，针对中国医务人员与压力相关的社会心理因素做了调研，认为这些因素与亚健康状态高发存在关系，调查的形式是抽样发放问卷，然后回收问卷做分析。但问卷的计分内容，也就是对亚健康的判断标准显然和上一篇论文不同。这本杂志也是一本经过同行评议的开源期刊。

这两篇论文比起民间对亚健康概念的滥用，无疑是比较严谨的。在我之前提到的《75%的人处于亚健康状态！别把亚健康不当回事儿！》中，明确提出了亚健康的五大危害，看着很像卖保健品的套路：

一、亚健康是大多数慢性非传染性疾病的疾病前状态，大多数恶性肿瘤、心脑血管疾病和糖尿病等均是从亚健康人群转入的。

二、亚健康状态明显影响工作效能和生活、学习质量，甚至危及特殊作业人员的生命安全，如高空作业人员和竞技体育人员等。

三、心理亚健康极易导致精神心理疾病，甚至造成自杀和家庭伤害。

四、多数亚健康状态与生物钟紊乱构成因果关系，直接影响睡眠质量，加重身心疲劳。

五、严重亚健康可明显影响健康寿命，甚至造成英年早逝、早病和早残。

通常有人和你说这些，你就该警惕他是不是要向你卖保健品了。但我想说，没有测量就没有科学，亚健康到现在为止还没有得到科学共同体认可的可以测量的指标。无法准确重复测量的概念，都不是一个科学的概念。

那么，如果我对自己的健康感到焦虑或者身体确实有一些不适但找不到病因应该怎么做呢？其实这属于健康管理的范畴。每个人都可以做的最简单的行为改变包括：充足的睡眠、均衡的饮食、适量的运动、戒烟酒等。这远比动辄成千上万元的保健品更有效。另外，定期体检远远胜过慌不择路乱投医。

最后，现在有不少卖保健品的打起了FDA牌，声称自己卖的东西是通过美国FDA认证的，疗效有保证。在这里，我要说明一下，FDA并不认证保健品，保健品的上市也不需要FDA批准。在美国，保健品宣称"可以治愈某种疾病，或延缓症状"是不合法的。如果做了以上宣称，FDA就可以发出警告，拒不改正的会被起诉。我国的食药监局CFDA从2017年4月份开始，对大多数保健品只备案不审批，但不得宣传疗效，也不能替代药物。所以，请大家记住，凡是任何宣称有明确治疗效果的保健品都是骗局，如果保健品宣称可以治疗亚健康，这就是在打政策的擦边球，因为"亚健康"这个被制造出来的概念不是疾病，所以也就不受法律约束，但如果被用来做恐吓式营销，倒是很容易忽悠到老百姓。

负氧离子是不是伪科学？

有人问我："'负氧离子'似乎是日常生活中空气质量的唯一衡量指标，代表着清新、健康和科学。前几年维基条目说所谓的负氧离子是伪科学，现在条目已删除，只有'负离子（流行语）'的简单条目。其他语言的维基都有离子／负离子、氧离子／氧的条目，但都没有'负氧离子'的信息。其中，日文维基的相关条目，好像有科学与伪科学的争论说明。但是，国内对负氧离子绝对认可，有关部门正式批准发布了关于空气负氧离子的两项国家行业标准，明确负氧离子浓度监测的技术规范。按说国家专门行业标准不可能假，但这样一个基本、重要的科学概念，中外文维基不可能全部遗漏，太像伪科学。"

这个问题我觉得很有意思，也很有挑战。我想说，这个问题本身就已经很好地诠释了科学精神，对我们日常生活中习以为常的很多概念提出大胆的质疑，小心地求证，我为这个问题点赞。为了回答这个问题，我从两条线下手，一方面是自己查资料、查文献，另一方面是请教科学声音专家团中的相关领域的专家，着实费了一番功夫。

下面开始讲具体的查询过程，我所用到的方法实际上人人都可以掌握，我希望大家关注的不是结果，而是一种态度和方法。

首先，"有关部门正式批准发布了关于空气负氧离子的两项国家行业标准，明确负氧离子浓度监测的技术规范"这事，我自己也查询了一下，发现有关部门的官网上确实刊载了，具体是 2016 年 2 月 2 日规划院编制了《空气负（氧）离子浓度观测技术规范》，但是请注意，这里的"氧"字是在括号里的，因此，有关部门的意思是负氧离子就是空气负离子，只是因为约定俗成的叫法流传太广了，加个括号有注释的意思。而空气负离子在很多情况下，又被直接称为"负离子"。因此，如果细看有关部门的文件，会发现在正文中提到的都是负离子，不再提负氧离子了。

好了，有了这个前提，我们就可以继续往下深究，首先，我也跟大家一样好奇，究竟什么是负离子呢？

为此，我首先请教了专家团中的一位化学专业背景的专家，她说：空气的主要成分是氧气和氮气，当然还有其他一些气体分子，在某些情况下，比如说，一道闪电下来，就有可能让气体分子上面多带了1到2个电荷，电子是带负电的，所以，就可以把带负电的气体分子叫作负离子，如果是带了负电的氧气分子，那就可以叫负氧离子了。但是，请注意，它们能在空气中存在的时间非常短暂，存活时间是按毫秒算的。而且，这些名词的叫法都不是正统的化学名词，在化学中一般把带负电的离子称为阴离子。

接下来，我又查询了维基百科。

负离子的词条上写：负离子可能是指化学上的阴离子，或大众文化和商品宣传上的流行语"负离子"。

这个词条的解释不得不让我挺佩服维基百科这个词条的编写者，说得很严谨。

我继续搜索"负离子（流行语）"的词条，词条的全文不长，内容是这样的："负离子是源自日本的一个词，这个词在科学上并没有明确意义，但广泛用于商业宣传上，并且将负离子的存在与人体的健康联结在一起。例如负离子吹风机、负离子冷气机、负离子电风扇、负离子直发、负离子空气清净机等。而关于负离子与人体健康的关联性则起源于19世纪末到20世纪初，当时有些学者主张，负空气离子（也称负氧离子）对人体健康有正面帮助，但目前尚未有科学证据足以证明。各国主管机关未订出相关法令标准，且有学者认为其为伪科学。"

我觉得维基百科做得最好的一个地方就是所有的说法都可以追根溯源，这也就是我常常说的信源的重要性。于是，我交给我的文献助理一个任务，让她把这个词条中的引文都仔细看一遍，看看能不能帮我把"负离子"这个词的出处以及来龙去脉给查清楚。我的助理没有让我失望，第二天就把查证的结果交上来了：

负离子在日本首次见报是在 1987 年 12 月，当时是一则商业广告，商品名称叫作"离子吸烟器"，广告文案是这样写的：本产品利用负离子功能，能将所吸入的香烟烟雾转化为含有丰富离子的新鲜空气。

之后每一年有一两次的报纸报道，也有越来越多的商家瞄准了人工制造负离子的领域。一些大牌家电制造商从 1999 年起就开始陆续推出具备制造负离子功能的空气清净机和空调设备。

到了 21 世纪，报纸上的报道次数突然猛增，而且也不再局限于广告。

以上这些数字都是松永和纪在日本国内最大发行量的《读卖新闻》的新闻资料库中搜索的结果。他是京都大学农业研究所的硕士，曾在逐日新闻社做过十年的记者，离职后从事自由写作。2009 年 4 月 5 日由日本商周出版社发行，我国引进后名为《健康新知都是对的吗？》一书，正是他的作品。这本书中，有一章的标题是《别被伪科学给骗了》，里面介绍了负离子这个词正式进入大雅之堂是在 2002 年 6 月 17 日。

也就是说，负离子这个概念的源头是从日本传过来的，这个倒一点也不奇怪，还有很多伪科学概念都是来自日本。21 世纪初，社会上比较盛行的说法是，负离子具有释放压力和解除疲劳的效果，含量最多的环境是在瀑布附近或森林之中。电视上也经常有所谓的负离子专家为负离子的效果站台背书。著名的三菱电机 2001 年曾经推出了一款空气清净机，宣称除了可以增加活性炭分解和清除乙醛等常规功能，还能在排出干净空气的同时释放负离子。

面对滚滚而来的负离子浪潮，第一位力排众议提出批判的是当时东京大学的安井志教授，现在为日本国连大学副校长。他撰文提出，负离子根本没有科学功效，他指责一位为负离子站台的博士和电视台的主播缺乏理性思考的能力，连什么是科学都不懂。

质疑负离子的权威中还有诺贝尔化学奖得主野依良治教授，他的评论是："倘若从科学的角度理解负离子，我们必须先行定义此物质的属性，之后方有讨论其效果的可能；让大众去相信一个根本不存在的、自创的名词，个人认为匪夷所思。"

但是，时至今日，负离子这个概念因为有巨大的商业炒作价值，已经势不可当地在全世界蔓延开了，不但在中国是铺天盖地的负离子、负氧离子，在欧美国家也不例外。比如，我以关键词"negative air ions"在谷歌和必应搜索，也是赞美声一片。大型医疗信息网站 WebMD 上刊载了一篇具有代表性的充满溢美之词的文章《负离子创造正效应》，把负离子称为"空气维生素"，援引一位应用认知科学中心研究主任霍华德博士的观点，负离子可以加速氧气流向大脑，使人警惕性增加，减少嗜睡，还可以降低空气中细菌的刺激性，使打喷嚏、咳嗽、喉咙痛都减少。这篇文章表示，即便我们在室内，负离子也能让我们感觉像处在户外的新鲜空气中一样。总之，营销常见的说法似乎都出现了。文中还提到了负离子疗法，可以缓解慢性抑郁，效果和服用抗抑郁药物差不多，并且没有副作用。

但是，要想找到科学依据，必须找到经过同行评议且发表在正规期刊上的论文，目前来说，科学成果的唯一表达途径，依然只有科学论文这一条。

所以，我还需要在各种论文库中检索与负离子相关的论文，但是，我发现如果用负离子作为关键词来检索，那么出来的结果基本上都是与"阴离子"相关的专业化学论文，对着摘要一眼望去，大多论文的探讨都与电子相关，与我们想要检索的信息风马牛不相及。这下我才终于明白维基百科上为什么要把负离子的解释列为阴离子和流行语负离子这两项了。

不过，我还是找到了两篇相关论文。

第一篇是发表在一本叫作《能源工程》的期刊上的，这本期刊并不是SCI收录的期刊，但是被另外一个叫Science Direct的著名文献检索网站收录了，我下载了这篇论文，打开以后，在标题前有一个定语，写的是"2017第10届国际供暖通风及空调大会"，说明这篇论文是在这次会议上首次公布的。论文的标题是《负氧离子与睡眠》[1]，署名作者是来自上海交通大学的Liu Ruiqi等六位中国人，这篇论文的结论是：负氧离子可以显著提高人的睡眠质量。但说句实话，我对这篇论文结论的可靠性是存疑的。一来，这本期刊的影响力因子为0.783，很一般，而且它基本上对会议上发表的论文照单全收，说明这本期刊与这个会议有密切关系。总之，这篇论文在国际上没有什么影响力。我提到的这篇论文和会议的官网我都附在文稿中了，想进一步了解的读者可以自行查询。

第二篇是在美国国家卫生研究所下属的网站上在线发表的，网址在文稿中可查。这篇论文的结论是：没有观察到负离子与焦虑、情绪放松、睡眠和个人舒适度正面或负面的影响相关，但负空气电离与较低的抑郁评分相关，特别是人处在最高的暴露水平中，负离子与抑郁的相关性还需要进一步的研究来评估。当然，这篇论文的权威性也不高，但至少没看出有什么利益瓜葛。

总之，论文检索的结果显示，负离子这个概念确实还只能算一个流行语，没有多少真正的科学家在做研究，我想，最有可能的原因是它没有太大的科研价值。对于生产各种各样暖风空调设备的厂商来说，却有着很好的商业营销价值。

---

[1] https://www.sciencedirect.com/science/article/pii/S1877705817348774.

这个话题我还没讲完，在资料查询的过程中，我还注意到一篇论文，是发表在《中国环境科学》这本期刊上的，标题是《森林环境中空气负离子浓度分级标准》，在这份标准中，将森林环境中空气负离子浓度水平分为 6 个等级：

Ⅰ级为"特别清新"，定义是每立方厘米大于 3000 个负离子，最高的是Ⅵ级"特别不清新"，每立方厘米小于 400 个负离子。我注意到市场上有很多检测负离子的仪器设备，便请化学专业背景的一位专家团成员仔细看了一下这些产品的工作原理。

她很认真地做了一番研究，然后告诉我，其实这些仪器不是测负氧离子，而是用某种化学方法测量单位体积内空气的负电荷含量。这就有点偷换概念了，其实从化学上来说，没有办法测量单位体积内有多少个负离子，只能测量这个体积空气内有多少的负电荷。仔细去看有关部门的招标采购公告，里面所采购的仪器都是在测量负电荷，而不是测量负氧离子。

她的观点是，负氧离子这个概念和很多保健概念都是由一些所谓的行业"专家"生造出来的，因为在它的背后是一块巨大的商业蛋糕。

最后，她想了一下补充说，前面提到的那个分级标准似乎也有一定的参考意义，为什么呢？因为在城市空气质量比较差的地方，这种短暂地带负电荷的分子会迅速地与空气中的其他杂质结合。而在深山中，空气比较干净，这些带负电荷的分子可以存活得久一些。

说实话，今天这个问题我没法总结出一个简洁明了的答案，我只能把过程详细地讲给你听，你不妨自己总结一下。在我看来，比答案更重要的是寻求答案的这个过程。我希望你能从我寻求答案的这个过程中受到科学思维的启发。

QWERTY 键盘是不科学的设计吗

你有没有想过这个问题：为什么键盘上的字母不是按字母表顺序排列的？

虽然我没有查到确切的数据，但我估计这个问题能跻身现代人常见问题的前 100 名。

我女儿就曾经问过我这个问题，我外甥也问过我这个问题。事实上，我小的时候，也问过相同的问题。只要你接触过有键盘的东西，就很容易产生这样的疑问：好好的字母顺序为什么会被打乱？

我记得当年初中劳技课的老师没能回答这个问题。这个古怪的问题就这样一直困扰了我很多年。直到 2012 年的时候，我读了一本好书《复杂》，这是计算机科学家梅兰妮·米歇尔探索复杂系统普遍规律的一本书。在这本书中，梅兰妮教授专门介绍了 QWERTY 键盘的故事。

书中介绍：QWERTY 键盘由一位名叫克里斯托弗·肖尔斯的工程师设计。他的初衷是为了解决当时打字机的卡壳问题。随着打字员熟练程度的提升，敲击键盘的速度也越来越快。这时，打字机的金属杆很容易卡在一起。为了解决这个问题，肖尔斯大胆地改变了键盘的布局，并将相邻的字母拆开，放慢了打字员的击键速度。就是这个脑洞大开的设计，成功地解决了打字机卡壳的问题。然而，当打字机逐渐退出历史舞台后，这种效率较低的 QWERTY 键盘却已经深深地与人们的习惯绑定在一起，再也无法改变。人们不得不与这款打字效率超低的键盘共存下去。

梅兰妮教授的这个解释，随着《复杂》这本书的畅销被广为流传，很多知名的媒体和科普人都讲过 QWERTY 键盘的故事。例如，罗振宇

《罗辑思维》第 48 期"未来脑世界"、万维钢《精英日课 3》"以和为贵"、《王烁 30 天认知训练营》"创新必须讲政治"、《薛兆丰的经济学课 141 讲》"网络效应与路径依赖"、《李翔知识内参》（2017 年 10 月 19 日）"为什么更好的产品不一定会赢？"、《徐来给孩子的博物学》"键盘为什么这么难用？"都说了类似的观点。

其至我还看到有文章说"QWERTY 键盘布局是史上最反人类的设计"，总结下来，这个键盘布局有以下几大罪状：

1. 该键盘天生就是为了减速而设计的键盘，效率低下。

2. 将常用的字母和符号边缘化，并分配给力量较弱的小拇指和无名指。

3. 中间的黄金区域是那些不常用的字母。

4. 手指不停地在三排键盘中上下移动，效率进一步降低。

诚实地说，我过去也一直对这些观点深信不疑，怀疑的起点来自我偶然看到的资料：1878 年，史上第一台实现规模量产的雷明顿 2 号打字机诞生，由著名的雷明顿武器公司制造。它最大的机械改进就是帮助肖尔斯彻底改造了打字机的内部结构，不再存在相邻按键卡住的问题了。

而这款打字机用的键盘布局，恰恰就是肖尔斯几经改进后最终定型的 QWERTY 键盘，与我们现在使用的现代键盘几乎一模一样。

看到这个资料，我非常吃惊，因为所有关于 QWERTY 键盘的罪状根源都来自"肖尔斯当年是为了解决打字卡壳的问题而设计的"，而这个基本的论据竟然站不住脚。

我仔细回忆了在我不多的使用打字机的印象中，除非刻意弄出卡壳，貌似过去用过的打字机从没有出现过

革命性的雷明顿 2 号打字机

卡壳现象，当然这或许可以用我不够专业，打字速度太慢来解释。但我很快就在怀疑的驱使下，在《万物起源》（［英］格雷厄姆·劳顿著，湖南科技出版社）这本书中看到这样的故事：

1867年7月，QWERTY键盘的发明人肖尔斯在翻阅《科学美国人》的时候，偶然看到了一篇文章。这篇文章介绍了一些专门用于打字的机器，并且说，这些机器可以以不低于平均书写速度的水平，打印出工整漂亮的文字。这篇文章给了肖尔斯不小的启发，他暗暗下了决心，要做出能以两倍的书写速度打印文字的打字机。

```
- 3 5 7 9 N O P Q R S T U V W X Y Z
2 4 6 8 . A B C D E F G H I J K L M
```

肖尔斯使用的第一个键盘模型

肖尔斯的第一个模型，使用了一个类似钢琴琴键的键盘布局。这个键盘分为上下两排，键盘的顺序是按照字母顺序来排列的。

肖尔斯在使用中发现：按照字母顺序排列的键盘，在打字的时候常常会出现单手连续击键的情况。在一只手打字的时候，另外一只手就闲着没事干。而连续击键的这只手，很容易疲劳，这就大大降低了打字速度。

肖尔斯琢磨，能不能想办法改变键盘的布局，让左右手比较平均地交替击键呢？如果可以的话，左手击键的同时，右手就可以把手指放在下一个键的键位上，打字的过程就会更加流畅连贯。于是，肖尔斯就依照这个目标，设计了他第一个版本的键盘。

肖尔斯整整花费了五年时间调整键盘的布局。直到1872年，键盘的布局才初步确定。肖尔斯写了一篇名为《肖尔斯打字机》的文章，并且把文章发表在最初启发他的《科学美国人》上。在文章中，肖尔斯还配了一张漂亮的女性打字员操作打字机的插图，暗示打字将是未来女性一个亮闪闪的新职业。

```
2 3 4 5 6 7 8 9 - ,
Q W E . T Y I U O P
Z S D F G H J K L M
A X & C V B N ? ; R
```

QWERTY 键盘的雏形

这个版本的键盘有四排键，最上面一排是数字键，第二排键的开头是 QWE.TY。虽然这个键盘与我们现代的键盘还不太像，但键盘第二排开头的 QWE.TY 告诉我们，这就是现代键盘的雏形。肖尔斯亲自使用了这款键盘，他的打字速度已经达到了惊人的每分钟 80 个单词，兑现了他 5 年前立下的誓言。

这个故事和《复杂》作者梅兰妮讲述的故事有着本质的不同，梅兰妮说肖尔斯为了降低打字员的打字速度而改进键盘，但是这个故事中的肖尔斯明明是为了提高打字速度在孜孜不倦地改进键盘。

显然，真相只有一个，如何找到真相呢？我看并不难，工具和数据全都是现成的，写一个程序，做一些扎实的统计工作就能让我找到真相。而我刚好有一位科普写作课的学生，加州大学伯克利分校专业的硕士陈聪颖，她协助我完成了数据统计工作。

分析工具：Python

数据来源：30 本肖尔斯同时代的畅销书加《圣经》

有了这两样东西，就足以让我发现真相了。

整个分析过程很长也很专业，有兴趣的读者可以敲入这个网址查看：http://www.kexueshengyin.com/typerAnalysis.html。

对于肖尔斯 1872 年公布的第一代键盘布局，也就是 QWE.TY 键盘，统计结论是：

它比最初的 ABCD 键盘"卡壳"的概率降低了 76%，置信度 99.99%。所以，肖尔斯第一个版本的键盘，确实大大降低了相邻字母连续敲击的概率。

它比最初的 ABCD 键盘增加了 31% 的左右手交替，置信度 99.99%。所以，肖尔斯的新键盘布局极大地提高了打字速度。

因此，最有可能的情况是，《复杂》中讲的那个故事只对了一半，肖尔斯第一次改进键盘的确有降低"卡壳"率的目的，但并非通过降低打字速度来实现。相反，这次改进因为提高了左右手交叉使用的概率，大大提高了打字速度。

请大家别忘了，上面两份统计是肖尔斯的第一代键盘，它与现代我们常见的键盘还有区别，现代的 QWERTY 键盘是在 1878 年雷明顿 2 号打字机上定型的。真正让我为现代键盘"平反"的，是下面的统计结论：

现代 QWERTY 键盘比肖尔斯第一版 QWE.TY 键盘平均增加了 77% 的相邻字母概率，置信度 99.99%。现代键盘不可能是为了降低打字速度，减少"卡壳率"专门设计的。

另外一个统计结论是：现代 QWERTY 键盘在左右手交叉使用率上并不比 QWE.TY 有优势。

之前，很多文章都用 QWERTY 做例子解释过"路径依赖"这个词。人们想借此说明：一个很差劲的东西，由于改变起来代价巨大，最终就有可能被保留下来。这个说法可能有一定的道理，不过这个锅让 QWERTY 键盘来背，就不合适了。

我想请大家暂时抛开对其他人的思考依赖，回归一种最朴素的想法：

QWERTY 键盘已经诞生超过一个多世纪。它诞生时，打字员是一个非常专业的群体，要经过专门的训练才能上岗工作。打字员的效率关乎自己的生计，一个效率低、速度慢的键盘必然会遭到打字员无情的抛弃。如果真的有一款键盘，能在效率上稳定胜出 QWERTY 键盘 10%，有什么理由不能战胜 QWERTY 键盘，成为新的标准呢？这可是巨大的商业利益。

我承认自己也很容易接受流传广泛的说法，而惰于独立思考，这可能确实是人的本性。不过，那些愿意经常突破本性的人，往往能取得更大的成功。

事实上，QWERTY 键盘一直都在不断地接受其他键盘的挑战。在有据可查的挑战中，虽然互有胜负，但 QWERTY 键盘从来也没有出现过大比分落后的情况。也就是说，大部分其他方法排列的键盘，并不比 QWERTY 键盘更强。一个自然演化出来的东西常常就是这样，不一定是最好的，但绝对差不到哪里去。

现在，当机械式打字机退役之后，只有 QWERTY 键盘留在了我们身边，继续陪伴着我们。当我们噼里啪啦敲打着键盘的时候，也会偶尔想起，世界上还存在过打字机这种东西，而打字机竟然凭借着键盘这个设备，与我们的计算机和智能终端无缝衔接，继续影响着我们的生活。

　　无论在苹果手机上还是安卓设备上，都有这样一类小插件，安装后在使用软键盘打字时，就会发出机械式打字机一样的咔嗒咔嗒的声音。就在刚才，我也在我的手机上安装了一个。听着这复古的咔嗒声，我仿佛回到了肖尔斯日夜改进键盘布局的日子。

　　（作者注：本文是在汪诘的指导下，由董轶强和陈聪颖完成初稿，汪诘最终修订完成）

生产疫苗玻璃瓶比生产疫苗更难吗

2020 年 7 月 4 日，张文宏医生在接受《劳动报》采访时语出惊人：装疫苗的玻璃瓶的生产比疫苗还困难！这句话一下子引发了热议，也成功勾起了我的好奇心，因为这句话听上去真的有点儿反常识。在大多数人的心目中，玻璃瓶实在是太普通、太常见的东西了，怎么可能比生产疫苗还难呢？我马上开始在网上做调研，结果证明，张文宏医生的这个说法还真不是他独创的，在这之前已经有非常多的相关报道了。

2020 年 7 月 2 日，《国际金融报》发表**《疫苗玻璃瓶全球告急！这家公司年内股价涨幅超 120%》**，报道中提及我国疫苗药瓶生产的主要企业山东药玻股票大涨，此外，"不少参与新冠疫苗研制的生物医药公司都开始排队抢购疫苗瓶。据悉，强生公司（Johnson&Johnson）已经从美国康宁公司（Corning）订购了 2.5 亿个疫苗专用玻璃瓶；另一家医用玻璃制造商德国肖特（Schott）则已经接到了 10 亿个玻璃瓶的订单，这是其 2 年的产能"。

其实早在 6 月，国际上就已经不断传出疫苗玻璃瓶告急的新闻。

比如，被《时代》杂志评选为全球 25 个最佳金融网站之一的《商业内幕》在 6 月 22 日发表了一篇报道，题为**《美国政府计划拨款 3.47 亿美元解决全球新冠疫苗玻璃瓶短缺问题》**。报道提及，疫苗玻璃瓶的警钟还是大名鼎鼎的微软创始人比尔·盖茨敲响的。

3 天后的 6 月 25 日，著名的彭博社也发了一篇新闻稿，提及由于担心玻璃瓶的短缺可能会阻碍新冠疫苗的快速部署，一系列玻璃瓶的大宗交易很快促成。彭博社援引了美国官方的数据，用以表明国际社会对疫苗玻璃瓶短缺的担忧是合理的。

7月7日，新京报发了一则短讯，标题是：《疫苗玻璃瓶生产告急！上半年玻璃制造企业新增2万家》。

看到这，你大概会认为，生产疫苗玻璃瓶看来确实比生产疫苗还难。

事实上，如果你先预设一个观点，然后努力为这个观点查找正面证据，那你往往能找到很多证据，加强你对这个观点的信念。但如果你不预设这个观点正确，努力去查找正反两面证据的话，往往能得到更全面客观的看法。

我在看了大量的新闻报道后，唯一能确认的事实就是：对疫苗玻璃瓶产能短缺的担忧是一个事实。但并不能由此就推导出，当疫苗正式研制成功后，玻璃瓶就一定会不够用这个观点。这就像我们现在担心明年粮食会不够吃，于是就开始深挖洞、广积粮，但深挖洞、广积粮这个行为却不能作为明年粮食肯定会不够吃的证据。

我们来看几个反面观点的证据：

比如：2020年5月17日，《北京日报》旗下的京报网发的新闻标题是：《疫苗瓶可年产80亿支以上，我国新冠疫苗生产无"瓶颈"》。新闻提及：针对疫苗玻璃瓶面临严重不足的问题，中国疫苗行业协会给出权威回应，明确表示我国疫苗瓶年产量至少可达80亿支，完全能够满足新冠疫苗的生产需求。疫苗瓶生产企业目前拥有充足的准备时间和产能基础，只要新冠疫苗研发成功，确定了包装产品的形式和规格型号，疫苗瓶生产企业就可以迅速释放产能，持续有序地满足市场需求。

中国疫苗行业协会在这个问题上的回应，信源等级是很高的。

再比如：《环球时报》英文版6月23日的新闻标题是《业内人士表示，中国可以打破疫苗瓶的瓶颈》。

上面所举的正反两面观点的证据，似乎势均力敌。所以，这个问题的真相查到这里，其实没有找到。我还需要继续深入了解与此相关的科学知识和行业现状，才能最终得到一个较为可靠的结论。

这个小小的疫苗玻璃瓶和普通的玻璃瓶到底有什么不同？别看一个小小的药瓶子，深入了解会发现，里面的门道还真是不少。查阅了我国以及欧盟、美国的相关行业标准的资料后，我大致弄清了有关药瓶的基本知识。

在医药领域使用的玻璃瓶可分成四种类型，在行业中一般称为 1 型、2 型、3 型、4 型，数字越小的型号，品质越高。从原材料角度，1 型玻璃瓶用的材料叫"硼硅"，顾名思义，就是含有硼元素和硅元素，俗称"硼硅玻璃"；2、3、4 型玻璃瓶用的材料都是"钠钙硅酸盐"。1 型玻璃瓶品质最高，根据硼含量的多少，它又可以分为高硼硅、中硼硅和低硼硅玻璃瓶三种。其中，中硼硅玻璃瓶又是 1 型玻璃瓶中最好的。它的优点，对于药物制剂来说，体现在高抗热冲击性能和高耐水解性能。通俗地说，就是疫苗放在里面保质期会更长，更不容易变质。国际上，疫苗制剂的首选存放容器就是中硼硅玻璃瓶。本文一开始的那些国际新闻中提及的短缺的玻璃瓶其实都特指这种中硼硅玻璃瓶。因为按照欧美发达国家的标准，强制要求装疫苗的玻璃瓶为这种最高品质的中硼硅玻璃瓶。或者说，在正常情况下，中硼硅玻璃瓶是装疫苗的首选、默认容器。

有了这些知识后，我开始明白，"装疫苗的玻璃瓶在疫苗研制成功后到底是否够用"这个问题其实包含了两个问题：

1. 全球中硼硅玻璃瓶的产能是否满足新冠疫苗研制成功后的需求？

2. 如果中硼硅玻璃瓶的产能满足不了需求，那么其他类型的玻璃瓶是否能作为替代品？

只有以上两个问题都是否定的答案时，我们才能得出张文宏医生说的那个结论。

既然有了方向，那就逐个问题搞清楚。首先，中硼硅玻璃的产能到底会不会遇到瓶颈？在中国产业信息网上，我查到有关中硼硅药用玻璃的全球总体概况的数据。

全球总产能大约是 50 万吨。德国肖特公司是这个行业绝对的龙头老大，一家

企业就占到了全球总市场份额的 50%，约 25 万吨。另外，美国的肯堡（Kimble）公司和日本的电气硝子（NEG）公司加起来占到了市场份额的 40%，剩下的 10% 被全球的其他企业瓜分。由此可知，在中硼硅玻璃这个细分市场，之前我们提到的山东药玻的份额是微小的。

注意，上面的数据是产能，而非实际用量。在中国产业信息网上还有一个数据：2019 年全球中硼硅玻璃的总用量约为 25 万吨。

换句话说，假如中国产业信息网的数据是可靠的，那么全球产能的一半都还没有得到充分的释放。但我也注意到，中国产业信息网上的数据来源写的是"根据公开资料整理"，这就使得可信度打了折扣。但不管怎样，也是可以作为交叉比对的一方证据。

中国产业信息网的信息至少让我确定，全球生产中硼硅药玻的龙头老大是德国的肖特公司。那么，顺藤摸瓜，我继续从占市场 50% 份额的老大身上挖掘信息。打开肖特公司的官网，没费多少力气，我就看到一条新闻：肖特公司目前的产量能满足每年 10 亿剂疫苗用瓶。现在，肖特决定增产再造 10 亿剂疫苗用瓶，总共 20 亿剂。肖特公司去年底在浙江缙云开工建设一个新厂，2020 年底就能投入生产，年产量预计 2 万吨中硼硅药用玻璃，这个产量大约可以满足 10 亿到 20 亿剂疫苗的用瓶需要。

不过，最有价值的信息还是来自肖特公司官方的一手信息。为此，我给肖特公司中国区市场部发去了咨询邮件，希望就几个关键问题得到肖特公司的官方回应。三天后，我收到了肖特公司的官方回复邮件。

肖特公司明确表示，《国际金融报》7 月 2 日报道中的"10 亿个玻璃瓶的订单是肖特公司 2 年的产能"，此数据是完全错误的。

我问肖特公司：对大家所担忧的疫苗玻璃瓶未来严重短缺怎么看？

肖特公司回复说：我们已经与几乎所有大型制药公司签订了合同，分别在 2020 年和 2021 年为它们提供药用玻璃容器。我们有信心在未来的几个月甚至几年内能很好地平衡需求和产能。在全球新冠病毒暴发之前，我们已经启动了肖特公司整个 135 年历史上最大的投资计划，并且所有的投资计划都在按期执行。

在邮件的末尾，肖特公司总结道：作为高品质初始医药包装解决方案的领导者，我们已经扩大了在中国乃至全球的产能。我们所有的扩张计划与客户的预期和可预见需求保持一致。

大公司市场部门的回复一般会说得比较严谨和含蓄，以我多年的采访经验，肖特公司的这段回复基本上就等于表示：至少他们很有信心满足今后市场的旺盛需求。

看完肖特公司的正式回应后，我接下来思考的一个问题就是：新冠疫苗研制成功后，我国的需求量是多少亿支呢？很遗憾，这个问题没有准确的答案，因为不确定因素太多。但我根据全国14亿的总人口，每个人注射2剂疫苗来算，疫苗需求的极大值是28亿剂，当然，实际使用量肯定会低于这个数字。这里有个知识，我国现在一般情况下都是一个瓶子装一剂疫苗，但并不是非得这样。实际上在世界很多地方，集中接种时，为了避免浪费，也可以一个瓶子装5到10剂，甚至更多。新冠疫苗出来后，一个地区的人集体接种的可能性很大，因此从节约疫苗瓶的角度出发，也完全可以采用一个瓶子装多人次剂量的方案。这样算下来，我认为肖特公司的观点，即疫苗玻璃瓶供应不会短缺的观点是可信的。疫苗瓶短缺的情况并没有一些媒体报道的那么可怕。

而且，仔细看我最初提到的那些英文报道，正是因为全球对疫苗瓶可能短缺的重视，全球从政府到企业都在努力解决这个问题，而且都显示出了信心。

综合以上所有证据和分析，我得出的第一个结论是：**即便未来全世界生产的新冠疫苗全部用最高规格的中硼硅玻璃瓶来装，全球的现有产能加上能够扩大的潜力，基本满足需要。**

我们再来看第二个问题：新冠疫苗是不是必须要用中硼硅玻璃瓶来装，其他类型的玻璃瓶可不可以用呢？

这个问题的答案相对容易找到，我先说结论：**不是一定要用中硼硅玻璃瓶来装，在应急情况下，甚至在正常情况下，也必然会有企业用其他类型的瓶子来装，这在我国于情于法都能讲得通。**

我们先来看一个事实：根据《中国药用玻璃包装深度调研与投资战略报告（2019版）》，我国每年生产生物制剂、疫苗等各类注射剂的规模在 300 亿支以上，但是国内一年生产的相对符合国际标准的 1 型瓶的规模仅在 30 亿支左右，国内药企大量使用的是低硼硅玻璃以及钠钙硅酸盐玻璃。

这与我询问制药行业的朋友得到的回答相一致。出于性价比的考虑，国内并非全部用中硼硅玻璃瓶来装疫苗。装疫苗肯定是用中硼硅玻璃瓶更好，但我们谈社会问题无法脱离经济和国情。中国药监局也在逐步推进药用玻璃瓶的强制标准。我国现在执行中的法规是药监局 2015 年正式实施的版本，并没有强制要求用中硼硅玻璃瓶。但 2017 年颁布的新政策的征求意见稿中已经写入：不建议使用低硼硅玻璃瓶和钠钙硅酸盐玻璃瓶。2019 年再次修订征求意见稿，标志着强制要求使用中硼硅玻璃瓶的政策开始启动。

新政策什么时候正式实施，我相信国家有关部门一定会充分考虑到方方面面的情况，选择最合适的时机。

我们绝大多数人小时候打的疫苗，用的瓶子都不是现在的这种中硼硅玻璃。如果情势所逼，我们只有两个选项："不打疫苗"和"打非中硼硅瓶装的疫苗"，于情于理都应该选择后者。这有点像汽油标号的升级，从 90 号到 92 号、95 号，从安全的角度肯定是越来越有意义，但什么时候强制淘汰现在的 92 号汽油，需要满足"有足够的油"和"大多数人用得起"这两个条件。毕竟，92 号汽油也能让汽车跑起来，安全风险也在可控范围内。

这次新冠疫苗的研制成功，说不定还能成为国家推进药用玻璃瓶产业升级的一个重要契机。

用一句话总结：**我相信药瓶不会成为我们打上合格有效疫苗的拦路虎。**

或许有些读者会觉得我啰唆，只需要我直接把结论给出即可，说这么多废话干吗？但我始终坚持：我的文章对你最大的价值并不在于一个结论，而是我寻求这个结论的过程和方法。每一个看似简单结论的背后，其实并不简单。对于我们每一个人来说，掌握思考的方法才是有终身价值的宝藏。

网传的 4000 亿只蝗虫去哪儿了

多年以后，当我孙子问起我的人生经历时，我多半会想起 2020 年的年初。

就在那么一两个月里，我们经历了中国历史上最大规模的一次全民抗疫，在世界历史上也是史无前例的。

或许正因如此，2020 年 1 月 24 日中央 2 套《第一时间》节目的一条新闻没有引起太多人的注意，但随后，在海量的疫情新闻中也时不时地能看到微信群里又出现了许多跟蝗虫有关的小视频，看着微信小视频中那些铺天盖地的蝗虫大军，每个人都会心有余悸。

2 月 14 日情人节当天，澎湃新闻的官微转发了一条来自"中国科讯"微信公众号的消息，标题很惊悚：《蝗虫来袭，预警：4000 亿只蝗虫已到达印度和巴基斯坦》。还配有多张图片，有密集恐惧症的人估计会留下阴影。尤其是那句"距中国可以说仅有一步之遥"，太吓人了。不过，有地理概念的同学应该不会太担心，连飞虎队都惧怕的喜马拉雅山脉，这小小的蝗虫想必是飞不过去。

那几天刚好是疫情最吃紧的时间，大家的注意力基本都集中在了全国的疫情防控上，无暇顾及这 4000 亿只蝗虫的威胁。

过了几天我突然有些好奇：这 4000 亿只蝗虫现在到哪了？它们怎么样了？于是，一番检索，一通忙活后，我居然惊讶地发现：所谓的 4000 亿只蝗虫事件是一个典型的传播滚雪球，越传越夸张的案例。说白了，这是一次带有乌龙性质的事件。现在我来讲讲检索这起事件的整个经过，很有意思，能够生动地说明传播学和科学思维中的某些原理。

首先，我仔细阅读了澎湃新闻引用的"中国科讯"微信公众号的文章，这个公众号是中科院文献中心办的。理论上，它的信源等级挺高。公众号文章中提及的蝗虫的消息来源于联合国粮食及农业组织（FAO），这个可是一级信源，权威性很高。所以，到目前为止，我对这条消息没有产生什么怀疑，我继续检索的目的只是了解更详细的信息。

按照科普人的习惯，要了解情况必须阅读一手信源，也就是消息的原始出处，这样才能得到相对准确的信息。

我先用某中文搜索引擎快速检索了一下关键词：联合国粮食及农业组织、蝗虫。它唯一的优点就是速度快。用时不到 0.1 秒，找到 300 多万条信息。

但我有点惊讶，第一页居然没有找到与 FAO 有关的信息，全是各大媒体的转述，就好像所有人都突然在说皇帝穿了件新衣服，但就是找不到皇帝穿着新衣服的照片。这不免让我产生了一些好奇，也开始产生了一丝怀疑。

于是，我艰难地打开了某外文搜索引擎，输入关键词：联合国粮食及农业组织、蝗虫，虽然找到的结果只有 20 多万条，但第一页上就能看到"联合国粮食及农业组织官网"的词语了。

很快，我就用外文搜索引擎找到了 FAO 为"沙漠蝗"设立的科普专区，而且还有中文版。不过，我也注意到，这个网页的主要职能不是播报动态新闻，而是一个科普蝗虫与粮食安全知识的专题。

这个网站的首页写着这么一段话：

东非沙漠蝗危机

从 2020 年初开始，全球沙漠蝗灾情有恶化趋势，因为有利于其生存的气候条件使得这种害虫在东非、西南亚和红海周围地区广泛繁殖。埃塞俄比亚、索马里和肯尼亚的情况尤其令人担忧。那里的沙漠蝗群数量庞大，流动性很强，正在破坏当地的粮食作物和草料。本组织已将应对东非沙漠蝗虫灾害列为首要任务之一，并正在迅速采取行动，支持各国政府做出反应。

网站上的内容并不是很多，有一些表现沙漠蝗的小视频和照片，显然，很多微信小视频的来源是这个网站，但问题是，这些小视频并不是来自印度和巴基斯坦的，而是在非洲拍摄的。我仔细阅读了 FAO 的网站，既没有找到 4000 亿只蝗虫的信息，也没有找到它们抵达印度和巴基斯坦的信息。

就这样，4000 亿只蝗虫好像突然失联了。我突然想到，央视 2 套最早那条新闻中说的是 3600 亿，不是 4000 亿。于是我又用 3600 亿作为关键词检索。但依然没有找到。

我觉得 3600 亿这个数字，既然出自央视新闻，一般不会是记者自己凭空编造的，大概率会有出处。于是，我又用英文关键词直接搜索：360 billion locusts East Africa。

果然，英国的《每日邮报》提及了，原文是：

The 360 billion locusts are expected to rapidly expand in numbers in the coming weeks, when forecast rainfall triggers plant growth, before their numbers peak in June.

预计未来几周内，降雨有利于植物生长，3600 亿蝗虫的数量仍将迅速增加，到 6 月时蝗虫的数量才会达到峰值。

英国的《每日快报》也提及了，原文是：

The horde of 360 billion insects were spotted crossing into the Karamoja border region in the northeast of Uganda by border officials who sounded an alarm.

边境官员发现 3600 亿只蝗虫越境进入卡拉莫贾东北部的边境区，他们随即就此发出了警告。

如果细看，这些媒体中的报道原文虽然有 3600 亿这个数字，但也都没有给出具体出处。再去细看 FAO 的官网，里面提到了一些泛泛的数字，比如一个典型的沙漠蝗虫群每平方千米可以容纳多达 1.5 亿只蝗虫。

也就是根据这个信息，我们可以反推出 3600 亿只蝗虫的面积大约是 2400 平方千米。于是，我继续用东非蝗虫群面积为关键词检索。果然，我找到了这么一条报道，来自美联社的一条新闻报道，其中有这样的语句：

One swarm measured 60 kilometers long by 40 kilometers wide in the country's northeast.

一个蝗虫群进入了该国东北部，面积长 60 千米，宽 40 千米。

A typical desert locust swarm can contain up to 150 million locusts per square kilometer.

一个典型的沙漠蝗群每平方千米可以有多达 1.5 亿只蝗虫。

这篇报道提到东非蝗虫群的面积是 60 千米长，40 千米宽，刚好是 2400 平方千米的面积。到此我基本上搞清楚了 3600 亿的来历，而 4000 亿这个数字多半是四舍五入的结果。

但依然还有个问题没有解决：蝗虫群抵达印度和巴基斯坦这条消息是从哪儿来的。我想"中国科讯"上的文章也不会是空穴来风，总是有出处的，以我的经验判断这种信息不太可能是凭空捏造。一般来说，都是在传播的过程中被不断扭曲的结果。

又是一番耐心地检索，详细过程不展开。答案终于浮出水面：

原来，2019 年 6 月到 2020 年初，印度和巴基斯坦也确实经历了一次大蝗灾。但注意时间线，联合国粮食及农业组织官网上说的东非沙漠蝗灾始于 2020 年初，而印巴蝗灾结束于 2020 年初。这两次蝗灾各自独立，没有任何因果关系。

但经过不同媒体的层层转发，以及各个媒体记者你添一笔，我添一笔，你做一个计算，我做一个四舍五入，新闻最终被整合成了耸人听闻的：从东非起源的 4000 亿只蝗虫大军抵达印度和巴基斯坦，眼看着就要

威胁到中国了。

这里面最诡异的是：单看每一个媒体的新闻报道，似乎都不是捕风捉影，都有来源，往往只有一点小小的瑕疵，甚至都不能算失实。但最终给大多数人造成的印象却是一条令人不寒而栗的惊悚消息。

以上这些，就是我当时为弄清楚"4000亿只蝗虫去哪儿了"发生的故事。下面帮你总结几点启发：

第一，一手信源非常重要，凡事养成条件反射，去看看一手信源上是怎么写的，这个习惯会让你比别人拥有更准确的信息，而我们的正确决策首先取决于信息的准确。

第二，即便是官方正规媒体的报道，也会出现偏差，很多时候并不是新闻记者的主观故意，而是科学素养不足导致的。

第三，信源优劣等级只是一个原则，但不是绝对。你需要互相印证，交叉比对，尤其是要注意时间线。

第四，科学思维要求我们根据最新的信息不断地修正自己的观点。而迷信却是无条件地相信。

这些机构凭啥能提前宣布美国总统选举结果

2020 年底，四年一度的美国大选如期举行。候选人拜登和特朗普的选票非常接近，剧情也是一波三折。因为对美国的国情、政治、法律都不够了解，有很多我看不明白的新闻。比如说，美国的各大媒体宣布拜登赢得大选后，我马上就听到有评论说："太搞笑了，媒体有什么资格宣布谁赢得选举，更何况票都还没数完呢。真正有资格宣布谁胜利的是美国联邦选举委员会，而委员会主席公开发表声明说选举存在欺诈行为。"

我初听到这个评论觉得很有道理。然后核实了一下，联邦选举委员会的主席特雷·特瑞纳的声明确实也是真实的。我不免纳闷，怎么媒体一宣布拜登赢了，各国的领导人就纷纷表示祝贺，拜登也发表了胜选演说呢，人家选举委员会都没发话呢，这是不是有点儿不严肃啊。

但转念一想，这事肯定不是我直觉上以为的那样。我们这些吃瓜群众都能想到的问题，各国的领导人还能想不到吗？这里面肯定有原因。虽然我过去很少看美国政治和历史方面的书，但科学思维同样可以帮助我快速找出真相。我最擅长的就是查找资料，分辨信源的好坏，交叉比对证据，分析逻辑谬误。针对一个特定的有相对准确答案的社会问题，我自信可以用科学方法在很短的时间内找到真相。

首先，我想知道，到底是哪个机构宣布本届总统具备法律效力？

很快，我就在美国国会的官网上查到一份文件，第 117 次会议将于2021 年 1 月 6 日下午 1 点召开，正式统计选举人团票并宣布胜者。如果某个州的选举人团票存在争议，则需要由这个州的议员书面提出，众议院和参议院将分别对争议做出裁决。美国国会的官网以及国会的正式文件，在我看来就是信源等级最高的信息，查到这里基本就到头了，假如有不同的说法，那一定是假新闻。

毫无疑问，国会是宣布谁是总统的法定机构。那这个"联邦选举委员会"又是干什么的呢？这个简单，看一下这个委员会的官网就知道了，上面写得很清楚：联邦选举委员会是一个旨在监管美国联邦选举时各竞选资金使用的独立机构。

哦，原来只是听起来名头很大。我们中国人一听到委员会往往觉得就是最高权力机关，实际上美国的这个委员会唯一的职能是监督竞选资金的使用。所以，委员会主席出来说"选举可能存在欺诈"那只代表他个人的观点，甚至都不代表机构观点，因为这个委员会的另外一位委员也可以公开说：没有任何证据表明选举存在舞弊行为。当然，这同样也仅代表个人观点。

至此，我至少弄清楚了一个问题：联邦选举委员会没有资格，也不会宣布谁当选本届总统。而国会的宣布才是具有法律效力的。

不过，问题显然还没有解决。既然国会才有资格宣布谁胜选，而且离2021年1月6日国会开会还早呢，那为什么"美联社"要这么急匆匆地宣布谁当选？更奇怪的是，似乎美国国内包括世界各国的领导人都很认可美联社的报道。为此，我又进行了一番耐心细致的资料查询，并没有遇到多大困难，我就搞清楚了其中的原因。原来这里面还有故事。

1846年5月，当时美国纽约的6家报社共同组建了一个联合通讯社，简称美联社，一直到今天，依然是美国乃至世界上最大的通讯社。

美联社在报道美国大选中的重要地位无可替代。最能体现它作用的是1876年的美国大选。那一年的选情远比今年这次更紧张刺激。当时的初步统计结果是，民主党的帝尔登赢得了184张选举人票，而共和党的海斯是165张选举人票。根据当时的规定，获得185票者胜出，民主党就差最后一票。还剩下最后4个州共计20张选举人票，选情进入最关键时刻。那一年的两党可谓势不两立、剑拔弩张，共和党指责南方的民主党打手用暴力威胁选民，民主党指责共和党在计票时耍花样。

在这种异常复杂混乱的选情下，美国人民迫切地需要准确的消息。那个时候，通信的主力是电报，民众获取可靠信息的唯一方式是报纸。美联社的上千名记者分布在美国大大小小的城市，实时收集、整理选票数据，通过西联电报汇总到总部，印成报纸，使得美国人民能够以最快的速度了解大选的进程。可以说，美联社从 1846 年成立以来，就对美国的大选发挥着极其重要的作用。

　　之后的 100 多年，美国人民渐渐养成了习惯，了解大选的选情，关注美联社的消息就能获得最准确的信息。而美联社也确实没有让美国人民失望，它总是能带来最及时、准确的信息。在所有有关大选的信息中，所有人最关心的当然是谁会当选下一届美国总统。美联社当然也会把这条消息看作所有大选报道中最重磅的消息。在英语中有一个专门的词组用来描述"谁当选总统"的这条消息——CALL RACE。美联社通过自己的消息渠道一旦对谁当选下一届总统觉得有把握了，就会 CALL RACE。从 1846 年美联社成立至今，只要美联社 CALL RACE 了，从未出过错，准确率为 100%。所以，我很难找到一个同等含义的中文词来描述这个概念。如果翻译为"美联社预测下届总统是"，那就和普通的自媒体没有区别了。但如果翻译为"美联社宣布下届总统是"，这又显得没有法理依据，美联社不能取代国会的法律地位。

　　读到这里，或许有一些对美国大选比较熟悉的朋友会提 2000 年那次

大选，因为有很多网传的说法，认为那是美联社历史上唯一一次翻车事件。其实，这是一个广泛的误解，那次报道恰恰证明了美联社在 CALL RACE 这件事情上有多谨慎。我来讲一下 2000 年 11 月 7 日晚上的准确经过，这是刚刚过去 20 年前的事情，通过当时的历史新闻还原真相并不难。

2000 年 11 月 7 日美国时间晚 7 点 50 分，美国全国广播公司 NBC 第一个 CALL RACE，它的结论是戈尔赢得选举。但是，作为美国人最信任的美联社一直就没有正式 CALL RACE，它只是推算，很谨慎地使用了 projection 这个词来表示戈尔很有可能赢得佛罗里达州。当时的情况是谁赢得佛州，就相当于赢得了大选。两小时后，到了晚上 9 点 55 分，NBC 收回了它的 CALL RACE，紧接着美联社也收回了它的 projection。到了第二天的凌晨 2 点 16 分，福克斯新闻频道 CALL RACE，说小布什赢下佛州。接下来的四分钟内，美国各大新闻机构，包括 NBC、CBS、CNN 和 ABC 同时 projection 小布什在佛州获胜。

这时候，只有美联社说：佛州结果太接近，我们无法宣布获胜者。

在听到美联社的表态后，各大新闻机构一阵忙乱。到了凌晨 4 点，所有电视台又宣布无法确认布什获胜。你看，在美国大选的这件事上，美联社就是有这么强的公信力。

后面发生的事情可能大家都知道了，佛罗里达州总共 596311 张选票，小布什最终只比戈尔多了 537 张选票，相当于 0.009% 的差距，再后来，官司一直打到最高法院才解决争议。

所以说，美联社 CALL RACE 的公信力不是法律赋予的，而是 170 多年来通过自己 100% 的准确率建立起来的。这就是为什么美联社一旦 CALL RACE 了，各国的领导人都纷纷发贺电。

美联社今年的决策编辑叫斯蒂芬·奥兰马赫 (Stephen Ohlemacher)，我查到他在早几个月前接受《君子》杂志采访时说的一段话：

我们必须在确定、肯定以及一定的情况下，才会宣布这个候选人获胜。我们不是推算出他会赢，我们不是预测他会赢，我们说的不是可能谁会赢，我们是正式宣布谁赢了。用最简单的话来说，一旦我们得出结论认为落后的候选人无法赶上领先者，我们就宣布胜利者。要做到这一点，我们必须在宣布结果前获取我们所掌握的每一条信息，而且这一切都要在选举日之前很久就开始。

一些州设立了一个门槛，将触发自动撤销或重新计票。例如，在密歇根州，如果候选人以少于2000票的优势获胜，就会重新计票。如果差距落在那个区间内，美联社就不会宣布那里的结果。如果竞选结果很接近，但没有达到该州重新计票的门槛，美联社就会考虑其他因素，比如邮寄投票中仍然悬而未决的选票数量，以及该州是否处于摇摆不定的状态。对于每一个美联社做出的州或者县的预测，我们都会将结果交给高层编辑团队。

当宣布总统竞选的获胜者时，美联社执行编辑还将在正式公告发布前进行最后的电话会议。美联社的目标是不惜一切代价追求准确性。我们明白这个国家正在发生什么，我们也明白，人们可能不再像以前那样对我们的机构抱有信心。我们致力于在选举中向他们提供准确的信息。如果这意味着我们必须等待，如果这意味着我们做不了第一，那完全没问题。

到这里，对于2020年美国大选的获胜者，我相信你应该有了一个自己的判断。至于美联社会不会打破170多年的金身，出现历史上首次真正的翻车事件，可能性有多大？这个不要问我，大家自己考虑就行。我只负责给你一些准确的事实作为参考。

送你一句我自己的金句：

事实需要信源，观点需要论据。

只要我们能牢牢把握上面这两条原则，就能看清这个纷繁复杂的世界，从海量的资讯中分辨出什么是真，什么是假。

终 章

稳住，我们能赢

年年都是史上最难毕业季，找工作的科学

又到毕业季。以往很多毕业季都被称为"史上最难毕业季"，这个"难"指的当然是找工作难。2020年的毕业季又成了"史上最难"。不仅仅是中国的毕业生难，全球的毕业生都难。美国政府5月28日公布的数据显示：自3月中旬新冠病毒暴发以来，已有超过4000万人（相当于美国四分之一的工人）申请了失业救济金，这比我们在中学课本上学过的美国1929—1933年大萧条时期还惨。2020年夏天在全美爆发的游行和骚乱，表面看是种族歧视问题，但其实只是导火线，深层次的原因是失业问题，是社会保障制度问题。我国有完善的失业率统计的时间并不长，满打满算也就十多年，所以我很难查到证据判断出2020年中国的失业率在历史上的排位，但从"两会"上总理的讲话以及地摊经济的复活，我判断就业环境一定十分艰难。人类社会都在经历这样一个历史时刻。

如果你觉得现在找工作很难，不要太沮丧，不是只有你一个人难，全世界都很难。越是这样的情况，我们越是要学一些"找工作的科学"。你可能觉得科学研究的无外乎天文、物理、化学等自然科学，怎么科学还研究找工作？没错，科学其实是一种方法论，用科学方法可以研究人类社会的一切行为。

我们先来做道选择题：

苹果公司的美国员工中，哪个学校毕业的员工人数最多？

选项A：圣何塞州立大学（San Jose State University）

选项B：斯坦福大学（Stanford University）

在选择前，我先提供一个信息：根据较为权威的《QS世界大学排

名》，2020 年斯坦福大学在世界高校中排名第二，而圣何塞州立大学甚至没有进入榜单，也就是说在 1070 名开外。

根据领英网上的数据统计，答案是 A，圣何塞州立大学有 1400 多名苹果员工；斯坦福大学约有 250 名，位列苹果校友榜第二。或许你猜到了答案，但你能想到它俩竟有着 6 倍的悬殊差距吗？

原因其实并不难理解：

第一个原因，全世界所有大学中，离苹果总部物理距离最近的两所大学，正是这两所。圣何塞州立大学距离苹果公司 17 千米；斯坦福大学距离苹果公司 21 千米。这样一来，很多大学生就有机会去苹果公司实习。众所周知，通过实习成为正式员工是最普遍的求职途径之一。而这个效应在思科公司体现得更明显，超过 4% 的思科员工是圣何塞州立大学毕业的，其与思科公司的平均距离仅为 3 千米。思科有一幢办公楼甚至就设在圣何塞州立大学的校园内。圣何塞州立大学也被网友喻为"世界最牛二本大学"。

而第二个原因才是我想说的重点。苹果和思科公司已经形成了一个圣何塞州立大学的校友网络，正是这个校友网络在招聘中让所有圣何塞州立大学的毕业生都受益。很多人进入苹果公司的途径都是经过校友的热心指点，了解了苹果公司的企业文化，甚至了解了即将要面对的面试官的性格与喜好，运气更好一点的，毕业生的面试官就是自己的校友。于是，校友见校友，自然有很多关于母校的话题可以聊。这个校友网络已经形成了马太效应，越多圣何塞州立大学的学生进入苹果公司，校友网络就越强，就会帮助更多的毕业生进入苹果公司，于是形成了今天的格局。

像这样的校友网络普遍存在于各大公司，亚马逊和微软 5%~7% 的员工是华盛顿大学的毕业生。谷歌超过 5% 的员工是斯坦福大学的毕业生。

所以，我今天要说的第一条科学找工作的要点是：

在找工作的精力分配中，30% 放在寻找工作机会，调研各家公司的招聘广告上，看看哪家公司的岗位最适合你的现状；然后用 10% 的时间去制作和投递简历；剩下的 60% 的时间全部用来搞社交——与你的校友联系，去寻找你的校友网络最发达的公司。

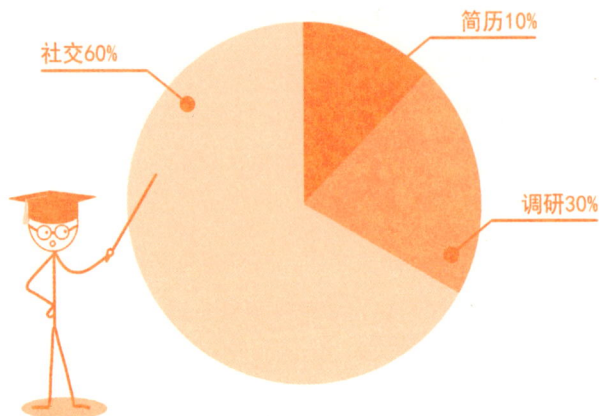

简历10%

社交60%

调研30%

这条建议也是美国畅销书《你可以做任何工作》（作者：安德斯）中给出的建议，非常实用。

在中国的大互联网公司中，是否也存在着这样的校友网络呢？或许你很容易想到，"科大讯飞"这家公司肯定存在中国科学技术大学这个校友网络。猜对了，科大讯飞公司的科大毕业生占了压倒性地位。

那华为、腾讯这样的大公司中是否也有类似的校友网络呢？当然有，这个情报会对你找工作有很大的帮助，而我已经帮你收集来了。下面是2018年中国几大公司的校招录取 Top 榜单。注意，虽然这是2018年的校招数据，但你可以把它看作校友网络的指路牌，毕竟这个数据不需要太精确。

华为

1. 西安电子科技大学，467

2. 浙江大学，444

3. 电子科技大学（成都），约400

4. 西安交通大学，315

5. 东南大学，263

6. 哈尔滨工业大学，258

7. 武汉理工大学，230

8. 南京大学，219

9. 上海交通大学，211

10. 武汉大学，211

11. 北京邮电大学，约200

12. 南京邮电大学，约200

13. 天津大学，194

14. 西北工业大学，169

15. 清华大学，167

16. 厦门大学，165

17. 山东大学，150

18. 复旦大学，132

19. 吉林大学，117

20. 四川大学，115

21. 湖南大学，114

22. 同济大学，113

23. 南京理工大学，112

24. 北京大学，104

25. 北京航空航天大学 104

腾讯

1. 武汉大学，100

2. 西安电子科技大学，81

3. 清华大学，74

4. 浙江大学，68

5. 上海交通大学，62

6. 北京大学，56

7. 南京大学，50

8. 北京航空航天大学，39

9. 哈尔滨工业大学，33

10. 东南大学，32

阿里巴巴

1. 浙江大学，89

2. 中国科学技术大学，38

3. 清华大学，38

4. 四川大学，37

5. 南京大学，35

网易

1. 浙江大学，165

2. 南京大学，57

3. 清华大学，41

4. 上海交通大学，28

5. 中国科学技术大学，24

百度

1. 北京航空航天大学，55

2. 北京理工大学，48

3. 北京交通大学，34

4. 中国科学技术大学，33

5. 武汉大学，32

中兴

1. 浙江大学，70

2. 上海交通大学，58

3. 南京大学，54

4. 湖南大学，53

5. 重庆大学，45

美团

1. 上海交通大学，40

2. 北京航空航天大学，31

3. 同济大学，29

4. 中国科学技术大学，28

5. 武汉大学，27

6. 南京大学，27

京东

1. 北京航空航天大学，43

2. 北京交通大学，37

3. 南开大学，35

4. 天津大学，34

5. 大连理工大学，34

你可能想：哎呀，我的母校一次也没有出现，我该怎么办？办法就是，找到你的同学录，你总有高中同学或者初中同学毕业于这些大学中的某一所吧，看中了哪家公司就要设法去接触这家公司的校友网络。利用校友网络是求职的一条捷径。另外，大概率来说，你所毕业的学校也很有可能在某一家好公司中占据了主导，你应该努力去找到自己大学校友聚集的地方，无论是线下还是线上，一定会有意想不到的收获。

为了写作，我还阅读了很多国内以"找工作"为主题的科学论文，我想从中发现一些对你有帮助的信息。大多数这个主题的论文中，有一个词的出现频率极高——主动性人格。

"主动性人格"确实是学界比较公认的概念，它被认为是求职成功率、职业满意度的关键因素。

所以，我今天要说的第二条科学找工作的要点是：**至少找工作期间，要努力培养自己的主动性人格，如果怎么也培养不出来，那至少面试时要尽可能装出来。**

主动性人格的概念最早是由两个美国人在 1993 年提出的，他们的定义是"个体采取主动行为影响周围环境的一种相对稳定的人格或行为倾向"，通俗地说，就是一种遇到困难主动找途径，没困难也要给自己开辟一条路勇往直前的"稳定倾向"。他们还开发出了一个"主动性人格量表"，共 17 题。后来我国的两位研究者在 2009 年修订出了中文版的量表，保留了 11 个项目。

每个问题从"非常不同意"到"非常同意"，记为 1~7 分。分数越高，表明个体的主动性人格倾向越明显。

1. 如果我看到别人处在困难中，我会尽我所能地提供帮助。
2. 我擅于将问题转化为机会。
3. 我一直在寻找更好的行事方式。
4. 遇到困难时，我会直面它。
5. 我喜欢挑战现状。
6. 如果我相信一个观点，没有什么障碍能够阻止我实现它。
7. 如果我坚信某件事，不管成败的可能性如何，我都会去做。
8. 没有比看到我的想法变成现实更令人兴奋的事了。
9. 我总是在寻找新的方法使我的生活更好。
10. 我享受面对和克服想法上的障碍所带来的乐趣。
11. 我总希望我在群体中（也许在这个世界上）是特别的。

你不妨先自测一下，看看自己是不是主动性人格。如果不是，那么量表上的那些题目，既是自测题，也是给你的行动建议。

最后，我希望所有正在找工作的读者都能拿下心仪的 offer。尽管宏观层面上，失业率由供求总数决定，任何找工作的技巧都不能改变宏观数据。但是，对于我们个体来说，却大不一样。

我的收入到底能打败全国百分之多少的人

2020 年 5 月 28 日，李克强总理在一个记者招待会上提及"我们有 6 亿人每个月的收入也就 1000 元"，这句话立刻在社会上引起了很大的轰动。轰动的原因就在于这句话有违大多数人的直觉，至少我的第一反应就是不可思议。1000 元是什么概念？现在叫一个外卖盒饭动不动就 20 元，1000 元只够叫 50 个外卖，怎么可能那么多人一个月的收入也就 1000 元？接着我又会忍不住想想自己一个月收入多少，嗯，比起那 6 亿人口来，真的很好了。

总理说的数据到底对不对呢？我想，在记者招待会这样的场合，一国总理不太可能随口乱说，这个数据不太可能出错，但确实又有违我的直觉。不过，转念一想，我国 18 岁以下的未成年人有 2.7 亿，他们本就是天经地义无收入的人口。6 亿人扣除这部分未成年人，其实就剩下 3.3 亿人了。即便是成年了，高校的在读学生没有收入也很正常，我总不能去跟大学生比收入吧，而高校生全国有 3800 多万人，再扣除，6 亿人就变成了 2.92 亿人。另外，根据民政部统计，我国还有 5000 多万空巢和留守老人，他们中的大多数已经全部或者部分丧失劳动能力，不是无退休金或者养老保险的无保人员，就是低保人员。这样就剩下了差不多 2.42 亿人。我们还应该想到，中国有 8500 万的残疾人，去掉未成年等和前面重合的部分，怎么也还有几千万人吧。这么一算，我发现中国有 6 亿人的收入在 1000 元左右并不是一件难以理解的事情，只是我一听到"收入"二字，下意识想到的就只有就业人口，忽略了很多不必要或者无法就业的人。

但多年来养成的科学思维让我还是忍不住想去查证，于是，这两天我就花了一番心思，从国家统计局的网站上下载了很多数据和表格，只为弄清楚一个问题——我现在的收入到底打败了全国百分之多少的人？

我一查马上就发现一个问题，我之前对"人均收入"这个概念的理解完全错了，彻底错了，幸好没有在群里随便发表对总理说的"6 亿人收入也就 1000 元"的"高见"，否则真的是闹了大笑话自己都不知道。

不特别指明的话，接下来内容的数据来源全部是国家统计局网站上可以公开查询的最新数据，大多是 2019 年的统计数据，这是我们普通人能找到的信源等级最高的数据。有些人可能不太相信统计局的数据，那后面的内容你可能也不相信了。但你还是可以姑且一看，或许有一些你没料到的知识。

很多人跟我过去想的一样，人均收入不就是 14 亿人的总收入除以 14 亿得出的平均收入吗？我自己的收入就是这 14 亿个样本中的一个，我自己收入多少心里清楚，和这个人均收入一比，大概就知道自己的收入水平了。比如，2019 年我国全国居民的年人均可支配收入大约是 30733 元，差不多就是每个月 2500 元。假如我每个月到手的工资收入是 7500 元，那就说明我是人均的 3 倍，这收入很不错了，怎么说也打败全国 70% 的人了吧。

你是不是也这样想？是的话，很遗憾，我们都错得离谱，这个数据根本不是这么解读的。很多人都不知道"人均可支配收入"的正确算法是什么。这个概念没搞对的话，那就一错百错了。

首先，可支配收入很好理解，就是一个人可用于最终消费的支出和储蓄的总和。对于大多数上班族来说，差不多就等于到手的工资总额。当然，有些人还有其他收入，比如理财收益、房租收入等，像我还有稿费、版税、讲座费之类的外快收入，反正所有的收入统统都算上，就是可支配收入。

容易弄错的关键概念就是"人均"。在国家统计局公布的数据中，如果不特别指明的话，这个人均其实指的是"家庭人均"。比如，在生娃之前，我和老婆两个人到手的工资都是 1 万元，那么家庭总收入就是 2 万元，一家就我们二人，那么我和老婆的月人均可支配收入就是 2 万元除以 2，等于 1 万元。第二年，我们生了个孩子，家庭收入还是 2 万元，但家庭人均收入就要除以 3 了，换句话说，我们全家 3 口人，每个人的月人均收入约等于 6700 元。为了带娃，我把父母接过来一起住。我爸的退休金是每月 5000 元，我妈是每月 3000 元的养老保险金。于是，我家现在就变成了每个月 28000 元的总收入，再除以 5，等于 5600 元，我家 5 口人每个人的人均可支配收入都是 5600 元。

我的月收入其实一直是 1 万元，但是在统计局眼里，假如我刚好是那 16 万个抽样调查的家庭之一，那么我的月均可支配收入就从 1 万元变到 6700 元，再变到 5600 元了。

前几天我和两个助理一起吃饭，买单时他们要求收入最高的我买单。然后我就给他们科普："你们真以为我收入高吗？我家一共 6 口人，两个娃加两个老人，你们要么单身，要么小两口，要说收入那也得按统计局的标准，算家庭人均可支配收入。人均可支配收入最高的买单才合理。"他们在我的滔滔雄辩之下，顿时哑口无言，不过到了最后，还是我买单。

其实，养过娃的人都能立即理解国家统计局这种算法的合理性。因为现实生活中，每个人手里的钱够不够花，有没有娃那差别太大了。现在养一个孩子可不像我父母那一代人小时候，只是多一双筷子这么简单。一个人的生活水准，确实与家庭人均收入关系最大，而不是单纯地看他个人的收入是多少。

我们有了统计局关于"人均可支配收入"的正确概念后，再来看统计局的一些数据，就会有完全不同的感受了。

下面列举几个跟收入有关的数据。为了方便对比，我把统计局公布的年收入除以 12 换算成月收入。为了叙述简洁，我下面就用"人均收入"

来指代"家庭人均可支配收入"这个完整定义。

如果按照全国所有人无差别来平均，那么中国人的人均收入大约是每月 2561 元。不算农村人口，只算城镇人口的话，那么人均收入就上涨到了每月 3530 元。但是，平均数不代表刚好处在队伍的正中间。表示队伍正中间的那个人的收入叫作中位数，全国城镇人口的收入中位数是每月 3270 元。如果你家的人均收入超过了 3270 元，那么，恭喜你至少打败了全国 50% 的城镇人口。

这样比较还很粗糙，我可以算得更精细些。国家统计局把人均收入从低到高，平均分成了 5 等份，也就是每 20%（约 2.8 亿人）为一组。把中间这组人的收入称为"中间收入组"，然后中间两头的分别叫作：中间偏下收入组、低收入组、中间偏上收入组、高收入组。

高收入组：人均收入每月 6366 元。不知道你的收入有没有打败全国 80% 的人？中间偏下收入组是每月 1314 元，这个月收入是打败全国 40% 人口的分界线。提醒：计算的时候，别忘了要把自己的收入按家庭人口平均一下。

除了上面这些，我觉得另外一个国家统计局公布的数据对于了解自己的工资水平，也非常有参考价值，那就是就业人口的平均工资。我一开始就说了，要比收入，我们不能去跟不工作的人比，那没有意义。

我国的上班族到底是个什么样的收入水平呢？

国家统计局把所有就业人口按照私营企业和非私营企业分成了两大类，粗糙点说就是国有性质的企业职工和公务员以及外资企业的员工算一类，其他的算一类。所以，公平比较的话，就要跟和自己是同类的上班族比。

根据统计局的数据，非私营企业的平均工资是明显高于私营企业的。

非私营企业的人均工资是每月 7541 元。注意，这个数字是税前工资，不是指到手的金额。你看工资单的时候要注意自己的税前和实发两个数字，别搞错了。比较这个数字的时候不要再考虑家里几个人了，这个数字比的就是工资水平。

私营企业的人均工资是每月 4467 元，比非私营企业少了 3000 多元，差距还是很大的。这就能解释为什么现在报考公务员这么热。

当然，如果你仅仅比较这两个数字，其实还很粗糙。因为我国的地区差异很大，最高的东部地区要比最低的东北地区高出 26%；行业差异也很大，最高的信息技术类要比最低的农林牧渔业高出一倍都不止。

你真想对自己的工资收入水平有一个正确的评估的话，还得结合自己的实际情况去统计局的网站上看分地区、分行业的统计，还是挺容易查找的，并没有你想象的那么麻烦，掌握一些基本的数据检索能力是一个终身受益的技能。

我希望通过我的文章，能让你学会用统计的眼光来想问题，而不是仅仅靠直觉和经验。统计数据虽然很枯燥，但它最真实，最客观。